DE

LA DOMESTICITÉ

CHEZ

LES PEUPLES

ANCIENS ET MODERNES.

DE

LA DOMESTICITÉ

CHEZ

LES PEUPLES

ANCIENS ET MODERNES.

PAR M. GRÉGOIRE,

ANCIEN ÉVÊQUE DE BLOIS, ETC., ETC.

PARIS,
A. EGRON, IMPRIMEUR-LIBRAIRE,
rue des Noyers, n.° 37.
1814.

PRÉFACE.

La surveillance journalière d'une famille, d'un ménage, exige des soins qui sont abondamment compensés par l'avantage d'y voir régner l'ordre, l'union et la vertu. Les chefs de maisons ne sont pas tiraillés par des craintes habituelles, lorsqu'ils sont entourés d'enfans et de serviteurs dont la conduite integre présente un appui à la confiance. Si les plaisirs domestiques ne sont pas toujours les plus vifs, ils sont du moins ceux dont la jouissance paisible contribue le plus efficacement à procurer cette portion de bonheur qui adoucit les peines de la vie. Mais à l'époque actuelle, les plaisirs de famille sont rares; leur privation, affligeante pour tout le monde, l'est spécialement pour les personnes isolées, sans parens, sans amis, et que leur état, l'âge ou les infirmités livrent à des soins mercenaires. Tel est le malheur auquel la rareté des bons domestiques condamne un grand nombre d'individus; obligés à se tenir perpétuellement en garde contre les fourberies, leur demeure est, pour ainsi dire, en état de siége.

Cette situation déplorable conduit naturellement à examiner quelles en sont les causes, quels en seroient les remèdes, et certes il ne faut pas une méditation profonde pour découvrir que les sources principales de cette calamité sont l'absence des principes religieux, une éducation très-vicieuse, des habitudes perverses et le mauvais exemple des maîtres et des maîtresses. Par là même on voit quel remède il faudrait appliquer; mais cette application est précisément le nœud de la difficulté.

Cependant, si une cure radicale est impossible, n'est-il aucun moyen d'atténuer le mal? C'est à la recherche de ces moyens que je me suis livré. Il a fallu recueillir dans divers pays, sur la domesticité, des renseignemens minutieux, quelquefois contradictoires, des réglemens dont l'obtention n'est pas toujours facile, des opuscules dont plusieurs (si je puis m'exprimer ainsi) sont l'égout de la littérature. Il a fallu vaincre la répugnance et dévorer l'ennui qu'inspirent la lecture de ces écrits. Il a fallu descendre à des détails tellement ignobles, que la plume me seroit tombée de la main, si je n'avois senti que le but justifie l'entreprise. S. Jérôme, S. Chrysostôme, Salvien, Clément XIV, Fleury, Thomas Newton, etc., n'ont pas cru déroger à leur dignité, ni ravaler leur caractère en s'occupant de l'esclavage et de la domesticité.

Si quelque chose pouvoit décourager le zèle, ce seroit plutôt l'insouciance du public qui attache plus d'importance à une chanson, à une caricature, à tout ce qui amuse, qu'à ce qui instruit. Des écrivains profanent leurs talens en fomentant ce goût dépravé, tandis qu'ils pourroient et devroient y opposer des idées saines, des vues d'intérêt général, et rappeler sans cesse les hommes à tout ce qui est grand et utile.

Des gazettes françaises, plus remarquables sous l'ancien Gouvernement, par ce qu'elles taisoient que par ce qu'elles disoient, et habituées de longue main à flagorner, à mentir, ont conservé à peu près le même caractère. Voyez de quelles inepties elles alimentent la curiosité! Des anecdotes de théâtre, des débuts d'actrices, des intrigues de cour ou de société, des modes nouvelles, des illuminations, des fêtes, des complimens, des adresses, et quelles adresses! etc., etc. Un *Te Deum* le matin ou d'autres cérémonies respectables ont presque toujours le soir pour pendant quelque comédie à laquelle assistent les mêmes personnages. Comme toutes ces annonces sont instructives, propres surtout à hâter les progrès de l'esprit humain et le bonheur de la nation!

Les chaires chrétiennes ont retenti pendant dix ans d'éloges périodiques, surtout aux anniversaires de la naissance et du couronnement de Napoléon. Sous le même clergé, voilà qu'elles retentissent contre lui d'imprécations et d'anathêmes. Des journalistes chantoient sans relâche son apothéose, et le verbe *daigner* conjugué dans toutes ses parties, attestoit journellement la bassesse de ceux qui, dès le lendemain de sa chute, ont contre lui multiplié les Philippiques. Etendez cette observation à divers corps constitués, à cette multitude de protées qui toujours prêts à changer de livrées, d'opinions et de langage, surnagent à toutes les révolutions et sont assurés dans tous les régimes d'obtenir la faveur réelle ou apparente.... et le mépris; et dites-nous si quelquefois on n'est pas tenté de rougir d'être homme.

Quelques écrivains luttent avec succès contre cette tendance générale à l'avilissement. Ils s'efforcent d'imprimer aux esprits une direction meilleure. Il est agréable d'apprendre et de dire que la plupart de ces écrivains sont jeunes et que plusieurs sont doués de talens très-distingués, ce qui accroît nos espérances.

Mais que sont la plupart des gazettes, sinon des plaidoyers rédigés sous l'influence de l'adulation et de la haine? Paroît-il un ouvrage sérieux? n'attendez pas d'elles une analyse raisonnée, une discussion lumineuse propre à éclairer le public et l'auteur. On laisse cet usage aux *périodistes* anglais et allemands. Pour des Français il est plus commode, plus facile de verser le ridicule, d'aiguiser une épigramme, de dénaturer un fait, d'épiloguer sur une phrase, de déclarer avec un ton tranchant que l'ouvrage est excellent ou détestable.... Excellent, fût-ce une rapsodie, si l'auteur tient à certain parti; détestable, fût-ce un chef-d'œuvre, si l'auteur n'est pas enrôlé sous cette bannière; car c'est la personne que l'on juge et non le livre.

En 1733, parut un traité anonyme, du bénédictin Dom Toussaint, sous ce titre: *La Vérité persécutée par l'erreur.* Dans tous les pays la vérité est aux prises avec le mensonge et les passions. La vérité seroit supportable, si elle se bornoit à éclairer; mais dès qu'elle veut réformer, elle est une importune. Ses théories n'auroient rien d'effrayant; mais on en redoute les conséquences pratiques. Si vous plaidez la cause des mœurs, l'intérêt des familles, la liberté de la presse, les droits des peuples; si vous proclamez ces principes immuables qui tôt ou tard deviendront des dogmes politiques, une doctrine populaire, résignez-vous d'avance à la persécution, mais surtout sachez la braver. Il y a, ce me semble, quelque générosité à soutenir cette thèse lorsqu'on est le point de mire des libellistes.

N'aspirant qu'à être utile, je serai amplement dédommagé, si l'écrit que je mets au jour, peut directement ou indirectement conduire ou ramener aux bonnes mœurs quelques individus.

J'acquitte un devoir et j'obéis à mon cœur en adressant des remercîmens à divers savans étrangers et nationaux qui ont secondé mon travail : MM Dupont de Nemours, de Lasteyrie, Correa de Serra, Obino, Giraud, Coquebert de Monbret, Heiberg, Van Praet, Fabroni, etc., etc.

La tourmente politique, qui depuis quelques années a ébranlé l'Europe et suspendu les communications littéraires, n'a pas permis de se procurer ce qui a été fait ultérieurement sur la domesticité en Angleterre, où le zèle n'est jamais stationnaire ; il y a conséquemment des lacunes dans mes recherches. Je recevrai, avec reconnaissance, tout ce qui peut compléter, rectifier, et améliorer cet ouvrage. Une bonne critique à faire, c'est d'en publier un meilleur. Je m'empresserai d'y applaudir.

FIN DE LA PRÉFACE.

TABLE
DES CHAPITRES.

TABLE DES CHAPITRES.

ERRATA.

Page 95, ligne 18, effacer une fois *faire*.
— 104, ligne 6, au lieu de *répréhensibles*, mettez : *inexacts*.
Idem, au lieu d'*antidote*, mettez : *correctif*.
— 105, ligne 17, au lieu de *religion niaise*, mettez : *dévotion niaise*.
— 110, ligne 15, au lieu de *cachée*, mettez : *cachés*.
— 187, ligne 1, *gouvernemens*, lisez : *réglemens*.

DE LA DOMESTICITÉ

DE
LA DOMESTICITÉ
CHEZ
LES PEUPLES
ANCIENS ET MODERNES.

CHAPITRE PREMIER.

Origine de la Domesticité. — Différence entre l'état des Esclaves chez les Anciens; — Des Serfs dans le moyen âge; — Et des Domestiques dans les temps modernes.

L'ÉGALITÉ naturelle des hommes consiste en ce que chacun ait un droit égal à exercer sa liberté sous la seule condition de ne pas nuire à autrui, et de jouir sans trouble de la propriété légitimement acquise par un travail innocent qui n'a gêné celui de personne. Mais du respect indispensable pour la propriété sans lequel aucune société ne pourroit se former, résulte nécessairement pour les uns la *richesse*, et pour les autres la *pauvreté*, car celui qui avec plus de force, de talent, de lumières, de vertu, a été laborieux, heureux dans ses recherches, dans ses entreprises, ayant une propriété légitime plus considérable que celui qui manque de ces avantages, il ne reste aux moins favorisés de la nature ou des circonstances, pour participer à la richesse des premiers, que des conventions libres, afin de les aider, moyennant rétribution dans leur travail, et dès lors il y a *maîtres* et *salariés* ou *serviteurs*.

Le premier *chasseur* qui a élevé des veaux, des poulains, ou des agneaux, et qui est devenu *pasteur*, comme les patriarches, a trouvé d'autres *chasseurs* qui, dégoûtés des fatigues souvent inutiles de la chasse, et craignant la guerre avec lui, ou respectant son droit, se sont faits *pâtres* ou pastoureaux sous ses ordres, pour avoir part au troupeau et pour être avec moins de peines bien nourris et bien vêtus.

De ces notions, il résulte que l'égalité naturelle des hommes est l'ouvrage du Créateur; que l'inégalité politique et civile est le résultat inévitable des institutions sociales, car s'il est impossible que tout le monde commande, il l'est de même que tout le monde obéisse, excepté à la loi qui dans un état sagement constitué plane sur toutes les têtes, assure à chacun ses droits, impose à chacun ses devoirs. La loi, en prenant ce mot dans son acception la plus étendue, est cette force morale qui maîtrisant la force physique en dirige l'emploi, en réprime les abus. Quand cette force morale exerce pleinement son empire, elle garantit la liberté et la propriété des membres du corps politique; si au contraire la force physique fait taire la loi, ils sont asservis. Cet état de choses est voisin de la barbarie ou de l'anarchie.

La pauvreté et la foiblesse furent toujours subordonnées, la première à la fortune, la seconde à la puissance. Delà, comme on vient de le dire, des maîtres, des serviteurs, et l'esclavage dont le joug, en Europe, modifié dans le moyen âge, est allégé présentement sous le nom de domesticité. Mais l'esclavage est un fruit de la violence et de la guerre, c'est un abus de la victoire, au lieu que la domesticité est fille de la justice et de la liberté.

Théodoret, dans un de ses discours sur la providence, examine comment les diverses conditions contribuent à l'harmonie de la société, et il prouve que, dans cette inégalité, les biens et les maux sont compensés. Les soucis sont le partage de celui qui commande et ils n'atteignent pas le serviteur qui, s'il n'est pas maître de son corps, de son temps, est libre d'esprit (1).

---

(1) *Voyez* Théodoret, *in-fol.* Paris, 1642, t. 4, p. 592 et suiv. *Discours sur la Providence.*

Le code des Hébreux, qui parloit simultanément au sentiment et à la raison, qui étoit à-la-fois religieux et civil, est le premier qui, dans les siècles antiques, ait tracé les devoirs et assuré les droits respectifs.

Il étoit défendu de rendre à leurs maîtres les esclaves qui avoient fui (1). La loi présumoit que cette désertion avoit été occasionnée par de mauvais traitemens. Voler un homme et le vendre étoit un crime capital (2). Si l'indigence l'avoit forcé à se vendre, il devoit être traité non comme esclave, mais comme mercenaire et cultivateur (3), ayant le droit de se racheter, et, s'il n'avoit pu le faire, le jubilé septénaire étoit l'époque de sa liberté, à moins qu'il ne consentît à prolonger ses services auprès d'un maître qui avoit captivé son attachement. Le chapitre 34 de Jérémie est, à cet égard, un monument bien remarquable. Par la bouche de son prophète, l'Eternel annonce au roi Sédécias et à son peuple qu'il va les livrer captifs au roi de Babylone, parce qu'ils ont déshonoré son *saint nom* en prolongeant au-delà des sept ans la servitude de leurs frères. La loi recommande de ne pas refuser

(1) Exode, 21, 3. Deuter. 23, 15.

(2) Exode, 21, 16.

(3) Lev., 25, 39-50.

la liberté aux serviteurs fidèles (1), elle veut qu'ils soient chers au maître comme sa vie et qu'il les regarde comme ses amis (2) ; elle porte l'attention jusqu'à les appeler, comme membres de la famille, aux festins solennels qui avoient lieu à la suite des sacrifices (3). Ils pouvoient d'ailleurs user librement des comestibles, dont la culture et la préparation leur étoient confiées (4) ; et comment refuseroit-elle ce droit aux esclaves, lorsqu'elle défend de lier la bouche au bœuf qui foule les gerbes sur l'aire (5) ? On trouve même chez les Juifs une secte qui avoit donné plus d'extension aux idées de la liberté. Drusius assure, d'après Flavius Joseph, que les Esséniens s'étoient interdit la faculté d'avoir des esclaves (6), parce que cet état leur paroissoit un outrage à la nature.

Les dispositions des lois Hébraïques, dictées par la charité, présentent un contraste touchant avec la férocité des lois et des usages modernes concernant l'esclavage dans les colonies européennes. Aller en Afrique voler des hommes, et surtout des

---

(1) Eccles. 7, 23.
(2) *Ibid.* 33, 31.
(3) Deuter. 12, 17.
(4) Job. 24, 10, 11.
(5) Deuter. 25, 4.

(6) *V.* Flav. Joseph. *Orig.* liv. 18, ch. 2, et Drusius *De tribus sectis Judæorum*, liv. 4.

enfans, étoit un crime si commun qu'il a fourni à la langue anglaise le verbe *kidnap* et ses dérivés.

Les anciens mettoient aux esclaves (1), comme on met aux chiens, des colliers ou cercles de fer, sur lesquels étoient gravés les noms, profession et demeure du propriétaire, avec invitation de les ramener à leurs maîtres en cas de fuite. Dans le supplément aux Antiquités grecques et romaines de Poleni, on peut lire diverses inscriptions de ce genre (2). Des Colons avoient enchéri sur les anciens en inventions, pour torturer leurs semblables : telle est, par exemple, l'énorme triangle de fer au cou des nègres pour les empêcher de fuir. Cependant la coutume de museler les esclaves, de leur cadenasser la bouche afin qu'ils ne puissent se désaltérer en suçant une canne à sucre, n'est qu'une imitation de l'antiquité, car Suidas et Pollux nous apprennent qu'on leur mettoit au cou une machine, nommée *pausicape*, en forme de roue, qui les empêchoit de porter la main à la bouche et de manger de la farine (3), lorsqu'on les occupoit à tourner

---

(1) *V.* Fabretti *Inscriptionum antiquarum explicatio. in-fol.* Rom. 1699, p. 522.

(2) *Utriusque thesauri antiquitatum etc.*, *nova supplementa* ab J. Poleno, *in-fol.* Venitiis, 1737, t. 4, p. 1247.

(3) Pollux *Onomasticon*, liv. 3, ch. 8, et liv. 7, ch. 14 et 20.

la meule. Gottlieb Fischer établit, par des preuves multipliées, que chez les Egyptiens, les Babyloniens, les Perses, les Arabes, les Grecs, les Romains, ce travail étoit ordinairement le partage des femmes esclaves (1). L'invention des moulins à eau fut pour elles l'époque d'une joie universelle, dont le poète Antipater se rendit l'interprète par une pièce arrivée jusqu'à nous : « Femmes occupées à « moudre, ne fatiguez plus vos bras, dormez la « longue matinée..... Cérès a ordonné aux nym- « phes de remplacer l'ouvrage de vos mains, etc. »

Dans la composition de toute société, Aristote prétend qu'on doit trouver un homme, une femme et un esclave. Il érige en principe un usage universellement répandu dans l'antiquité. Chez divers peuples, le nombre des esclaves surpassoit de beaucoup celui des libres. Athènes qui n'avoit que vingt où trente mille citoyens, avoit quatre cent mille esclaves. Athénée en comptoit trois cent mille en Arcadie, et quatre cent soixante-dix mille dans la petite île d'Egine (2). A la bataille de Platée, où se trouvèrent beaucoup de Lacédémoniens, chacun d'eux avoit sept Ilotes (3).

---

(1) *V. Disputatio philologica de molis manualibus Veterum*, *in*-4.° Gedani, 1728.

(2) *V.* Athenée, *in-fol.*, Lugduni, 1612. *Deipnosoph.*, l. 4, c. 20.

(3) *V.* Hérodote, liv. 9, ch. 10.

De tous les peuples de la Grèce, les Athéniens paroissent être ceux qui les ont traités avec moins d'inhumanité. Les tribunaux les protégeoient contre la dureté des maîtres (1). Ceux-ci ne pouvaient pas les battre en temps de guerre, sinon l'affranchissement étoit prononcé à l'instant. Mais, à peu d'exceptions près, la législation de la Grèce sur cet objet étoit féroce. Le témoignage des esclaves n'étoit pas admis en justice. Si quelques inscriptions recueillies par Gruter donnent à leurs femmes le titre d'épouses (*conjuges*), Venuti, Vink, et d'autres auteurs, vous en montreront un bien plus grand nombre où elles sont seulement concubines (*contubernales*) (2). L'union des esclaves avec des femmes ingénues étoit réprouvée à tel point qu'en pareil cas la loi autorisoit le fils à tuer sa mère (3). Un parricide sanctionné par la loi, uniquement pour maintenir l'esclavage ! on ne connoît pas ailleurs une pareille monstruosité, et cette réflexion s'applique à une autre loi qui prouve à quel point étoient dissolus des peuples dont on a préconisé les vertus. Certain genre de débauche, très-commun dans la Grèce, étoit interdit aux esclaves,

(1) *V.* Démosthène, *Discours contre Midias.*

(2) *V. Monumenta Mathæiana*, par Venuti, p. 3, p. 5, p. 42, et Danielis Vink, *Amœnitates philologico-medicæ*, in-12, Trajecti ad Rhenum, p. 469.

(3) *V.* Philostrate, *Vie des sophistes*, l. 2, n.° 25.

non par respect pour les mœurs, puisqu'on autorisoit leur libertinage avec les femmes, mais parce que le crime qui outrage la nature étoit une espèce de privilége des hommes libres, et, il faut le dire avec horreur, de ceux qu'on citoit comme les régulateurs du goût et les modèles de la politesse. Ils n'y attachoient une flétrissure que quand la cupidité en avoit réglé pécuniairement le prix : hors de là, il étoit censé *libéral*, c'est l'épithète dont se sert, dans son discours contre Timarque, l'orateur Eschine, qui avoue son goût personnel pour cette infamie. Ces traits suffiroient pour apprécier la morale théorique et pratique de cette Grèce tant vantée. Solon étoit l'auteur de cette loi abominable (1). Deux mille cinq cents ans après Solon, un homme, qui se disoit et se croyoit philosophe, s'est constitué l'apologiste de ce vice hideux, en imprimant, dans l'*Encyclopédie méthodique*, que ceux qui s'y livroient n'en étoient pas moins *estimables* (2). Ainsi s'exprimoit Neigeon, qui professoit l'athéisme. Tant il est vrai que dans la liste des prétendus sages, anciens et modernes, il y a beaucoup à élaguer.

Pline s'est trompé en attribuant aux Lacédémoniens l'invention de l'esclavage (3), mais de tous les

(1) V. Plutarque, *vie de Solon*.

(2) V. article *Académiciens* par Neigeon.

(3) V. Philostrate, *vie d'Apollonius*, l. 6, c. 10; et Plutarque, *vie de Lycurgue*.

maîtres, ils paroissent avoir été les plus atroces ; d'après les lois de Licurgue, ils pouvoient tuer leurs esclaves. De temps en temps, ils faisoient un carnage d'Ilotes, lorsqu'ils en redoutoient la trop grande population. Tous les ans, on donnoit à chaque Ilote un certain nombre de coups, quoiqu'il n'eût commis aucun délit (1). Un décret du roi Agis leur ôtoit toute espérance d'obtenir leur liberté (2). Deux mille de ces malheureux à qui l'on avoit promis de les affranchir et qu'on avoit en conséquence promenés dans les rues de Sparte, la tête couronnée de fleurs, disparurent sans qu'on ait jamais su les moyens employés pour les détruire (3). Un autre fléau pour eux étoit l'assassinat clandestin, que certains auteurs ont appelé la *crypsie* (κρύψις). Souvent de jeunes Spartiates, la nuit, en embuscade, guettoient les Ilotes, les égorgeoient de sang-froid, et, pour donner un caractère légal à ces massacres, les nouveaux Ephores déclaroient la guerre aux esclaves (4).

Il n'entre pas dans mon plan de faire l'histoire de l'esclavage, histoire qui manque encore à la littérature, malgré la multitude, j'ai presque dit l'im-

(1) *V.* Athenée, etc. liv. 14, p. 657.
(2) *V.* Strabon, *Géogr.* l. 8.
(3) Thucydide, l. 4.
(4) *V.* Plutarque, *vie de Lycurgue.*

mensité d'écrits publiés sur cet objet. Cette considération me dispense de présenter la nomenclature très-étendue des esclaves distingués, soit d'après les fonctions qu'on leur attribuoit, on peut consulter les auteurs, surtout Potter (1) et Rhodigin (2), soit d'après les dénominations reçues dans les pays qu'ils habitoient.

Runkenius dans son édition du Lexique de Timée le sophiste (3) et M. Clavier dans son Histoire des premiers tems de la Grèce (4), ont jeté quelques notes à ce sujet; mais malgré les recherches des érudits, il reste encore beaucoup de doutes à lever et d'obscurités à éclaircir concernant :

Les Periocques, les Clarotes et les Mnoïtes de Crète ;

Les Mariandiniens d'Héraclée de Pont ;

Les Corynophores de Sycione ;

Les Callicyres de Syracuse ;

Les Penestes de Thessalie ;

Les Thètes et les Pelates d'Athènes.

Les travaux, les lois, les usages et les mœurs modifioient le sort plus ou moins rigoureux de ces

---

(1) *V. Archæologie* de Potter, liv. 1, ch. 10.

(2) *V.* Rhodigini *variarum Lectionum* l. 25, c. 18 et 19.

(3) *V.* Timæi sophistæ *Lexicon vocum Platonicarum*, par David Runkenius, édit. 2. Lugd.-Batav. 1789, p. 211 et suiv.

(4) *Histoire des premiers temps de la Grèce*, 2 vol. *in*-8.° Paris. 1809. t. 2. p. 315 etc.

diverses classes, parmi lesquelles j'en cherche quelques-unes qui représentent la domesticité moderne; les seules qui s'en rapprochent, sont les Thètes qui à la vérité n'étoient pas des esclaves, mais des cliens, des prolétaires, des journaliers qu'on n'élevoit jamais à la haute magistrature; les Pelates ainsi que les Penestes se louoient de même à prix d'argent. Ces derniers étoient particulièrement voués à la culture des terres. Il sera question dans un autre ouvrage de ces tribus frappées d'injustes mépris.

La législation de Rome, non moins barbare que celle de Sparte, donnoit au maître le droit de vie et de mort sur les esclaves. Quand ils avoient subi la loi commune de la nature, il étoit défendu d'oindre leurs cadavres (1), ils n'avoient pas même droit à être inhumés, suivant divers auteurs. Quelques inscriptions tumulaires, citées par George Darnaud (2), suffisent-elles pour établir une opinion contraire? Ils n'étoient pas au rang des personnes, mais des choses (3). C'étoit une denrée commerciale sur laquelle le fisc levoit un impôt; il en percevoit un autre sur les affranchisse-

(1) *V.* Meursii opera, *in-fol.* Florentiæ, 1741, t. 2, p. 280 et 385.

(2) *V.* George Darnaud, *Variarum conjecturarum libri duo* 4.° Leovardini, 1744, dans la pièce *De Jure servorum*, p. 19.

(3) *V. Histoire de la jurisprudence romaine*, par Terrasson, *in-fol.* Paris, 1750, p. 134.

mens (1). Le sénatus-consulte Silanien vouloit que tous les esclaves demeurant sous le même toit, ou à portée de la voix, fussent mis à mort s'il arrivoit qu'on eût assassiné le maître ou la maîtresse. On frémit en lisant dans Tacite, que Pedanius Secundus l'ayant été, on immola sans pitié ses quatre cents esclaves (2), dont aucun peut-être n'étoit coupable. La loi *Aquilia* qui les ravaloit sans détour au rang des animaux, infligeoit la même peine pour avoir tué l'esclave d'autrui ou sa bête de somme (3). L'historien Florus considère les esclaves comme une espèce secondaire. A la manière dont il s'énonce, on seroit même tenté de croire qu'il se reproche cette opinion comme trop indulgente (4). Il étoit digne de Juvenal de repousser les clameurs de la stupidité par ce cri de la nature : *Quand il s'agit de condamner un homme, la précipitation est un crime. Insensés, l'esclave n'est-il pas un homme* (5)? On eût dit que ces lois étoient dictées par des tigres, parmi lesquels cependant quelquefois on rencontra des hommes.

Ælien et Diogène Laerce assurent que les Arca-

---

(1) *V*. Tite-Live, l. 8, c. 16, et Burman *De Vectigalibus Romanorum*, p. 72 et ch. 10.

(2) Annal, l. 14, c. 42 et suiv.

(3) *V*. Caius, l. 11, *Ad leg. aquil.*, l. 1, v. 1, *de aqu. Hœred.* l. 3, etc.

(4) Florus, l. 3, c. 20.

(5) Juvenal, Satire 6.

diens et les Thébains après avoir bâti une ville, envoyèrent supplier Platon d'être leur législateur; il s'informa s'ils consentiroient à une égale distribution des biens, et sur leur refus, à son tour il refusa de rédiger leur code (1); car il regrettoit, dit-on, cette égalité primitive qui n'admettoit ni esclaves, ni richesses particulières. Quelques autres philosophes ont eu la même idée. Proscrire les richesses particulières, ce seroit condamner les hommes laborieux à devenir esclaves des paresseux, ce seroit mettre un obstacle invincible à tout progrès dans l'agriculture, et dévouer les nations à la famine, à la misère. Platon avoit modifié ses opinions, quand ailleurs il recommande de vivre avec ses inférieurs comme avec des amis malheureux (2). Aristote s'éloigne des maximes de son maître, lorsqu'assimilant l'âne et l'esclave, il assigne pour partage au premier, la pâture, le fardeau et les coups, au second, le pain, le travail et la sévérité. Columelle veut qu'on use de bonté envers les esclaves, ensorte qu'ils redoutent l'autorité du maître sans avoir à craindre sa cruauté. Hiéroclès donne à celui-ci pour règle de conduite, la manière dont il voudroit qu'on le traitât lui-

(1) *V.* AElien, l. 2, c. 42. Laerce, l. 3, c. 23.

(2) *V.* son *Traité des lois*, l. 5, et l. 6.

même (1). Cette maxime se trouve textuellement dans une lettre où Sénèque, suivant son usage, prodiguant l'esprit, plaide avec force la cause du malheur, il ajoute : « Dieu se contente d'être aimé, « que cela te suffise, ils sont esclaves, mais ils sont « hommes, ils sont d'humbles amis.... L'estime ne « doit pas se mesurer sur la nature des fonctions, « mais sur les mœurs. » Après avoir rappelé qu'autrefois on les nommoit *familiers*, et le maître *père de famille*, il prescrit à celui-ci d'en admettre quelques-uns à sa table, ou parce qu'ils en sont dignes, ou pour les en rendre dignes (2).

Pline l'ancien nous apprend que ses esclaves des champs buvoient le même vin que lui ; et la tendresse de Cicéron pour Tyron son affranchi fait augurer favorablement de la douceur du maître.

Mais dès ce tems là comme aujourd'hui, la comédie ne montroit les esclaves sur le théâtre que sous des formes avilissantes. Une seule fois Térence en introduit un bon dans ses Adelphes, c'est Géta ; et comme si le poète, quoique affranchi, vouloit expier le tort de le présenter à l'estime, il le flétrit en l'envoyant prêter l'oreille au trou d'une serrure pour entendre ce que dit son maître à un ami.

---

(1) *V.* Hieroclès *et Commentarius in aurea carmina de Providentiâ et Fato*, *in*-8.° Cantabrigiæ, 1709.

(2) Lettre 47.

Un des plus fous scélérats qui aient torturé les peuples, Elagabale, pour tenir ses esclaves toujours occupés, ordonnoit à l'un de lui amasser des araignées, à l'autre de lui tuer, par exemple, onze mille mouches.

Caton le censeur vouloit que les siens travaillassent ou qu'ils dormissent, comme si le repos étoit nécessairement accompagné du sommeil. Il les avoit d'abord traités comme ses égaux ; assis à la même table que lui, ils partageoient la même nourriture, mais il s'enrichit, et suivant l'usage, son cœur s'endurcit ; craignant qu'ils ne fussent unis, il semoit entr'eux la division, dit Plutarque (1), ce qui prouve que cette tactique appartient à tous les genres de despotisme. L'un d'eux avoit-il commis un crime grave ? il le faisoit mourir en présence des autres. Etoient-il usés par le travail ? Il les exposoit en vente, sans égard pour leurs services. On sait qu'à Rome, communément les esclaves exténués par l'âge ou la maladie, étoient, les uns vendus à des tyrans plus cruels encore, qui épuisoient le peu de forces qui restoient à ces malheureux, les autres jetés dans les îles du Tibre, où ils périssoient de faim ; ailleurs on les égorgeoit sur le tombeau de leur maître. Mais rien n'égale la bar-

---

(1) *V. Vie de Caton le Censeur.* C'est un des morceaux les plus curieux de Plutarque.

barie de Vedius Pollion, citoyen romain, qui faisoit tuer des esclaves pour nourrir de leur chair les murènes de ses viviers (1). Jules Capitolin assure que le sang des esclaves ruisseloit dans la maison de Macrin, au point qu'elle ressembloit à une boucherie (2). Titus lui-même surnommé les délices du genre humain (car il y a tant de choses qu'on croit sur parole, et qui, à force d'être répétées, passent au rang des vérités!) Titus ayant fait prisonniers et réduit à l'esclavage les habitans de la Judée, les traita avec la férocité la plus révoltante. Dans les jeux et les spectacles qu'il donna à Césarée, une foule de captifs périrent, déchirés par les animaux, ou forcés de combattre les uns contre les autres. On en égorgea quinze cents dans la même ville, pour célébrer le jour de la naissance de Domitien son frère, et un grand nombre à Beryte, en l'honneur de Vespasien son père. Il paroît qu'il en fut de même dans les autres villes de la Syrie. Thomas Newton et Belbey Porteus, évêques anglicans, celui-là de Bristol, celui-ci de Londres, ont déjà retracé avec force (3) cette con-

(1) *V.* Pline, *Hist. natur.*, l. 9, c. 23, et Tertul. *De Pallio*, à la fin de l'ouvrage.

(2) In *Vitâ Macrini*, c. 13.

(3) V. *The Works of the B. R. Th. Newton*, etc., 3 vol. *in*-4.° London, 1782, t. 1. *Dissertation* 20 *on the Prophe-*

duite barbare d'un prince auquel l'adulation contemporaine et la crédulité des siècles suivans ont décerné l'apothéose.

L'un de ses successeurs, coupable dans un autre genre, n'eut pas du moins le tort qu'on reproche à Titus. L'empereur Adrien ôta aux maîtres le droit de vie et de mort, attribua aux tribunaux la connoissance des crimes commis par les esclaves, et abolit les prisons particulières qui leur étoient destinées.

Divers auteurs et spécialement Popma, Pignorius et Potgiesser (1) ont de ces traits épars composé des tableaux où l'on voit que chez les Romains le sort des esclaves étoit une agonie prolongée au milieu des fatigues, des outrages et des tourmens; quelquefois on en livroit aux bêtes féroces, mais les maîtres n'avoient pas formé des meutes de chiens dévorateurs, invention infernale que l'on doit à des planteurs des Antilles, et dont un écrivain nommé Dallas ose prendre la défense (2). Ainsi ne désespérons pas de voir publier des ouvrages sur les vertus de Tibère et Néron.

---

cies, p. 442, et l'ouvrage de Porteus *Sur les heureux effets du Christianisme*.

(1) *V*. Titi Popmæ Phrisii *De operis Servorum*, *in*-12. Amstelodami, 1672. Laur. Pignorii *De servis*, *in*-12. Amstel. 1674. Joach. Potgiesseri *Commentar. de statu Servorum*, *in*-4. Lemgoviæ, 1736, ouvrage rare et curieux.

(2) V. *The History of the Maroons from their origin, etc.*, by Dallas. 2 v. *in*-8.° London, 1803, t. 2, Lettre 9, p. 4 et suiv.

Soit pour alléger le joug imposé aux malheureux, soit, comme l'observe Boxhorn, pour avertir les maîtres de l'instabilité des choses humaines (1), qui du faîte des grandeurs précipite souvent même les dominateurs du monde, Babylone, l'île de Crète, Athènes et Rome avoient, en faveur des esclaves, quelques fêtes tolérées plutôt qu'approuvées (2). C'étoient les seules époques de l'année qui leur rappelassent l'égalité primitive. Mais les Anthesteries d'Athènes, les Compitales, les Matronales, et surtout les Saturnales, étoient moins des solennités que des orgies, et bientôt les esclaves reprenoient leurs chaînes, devenues plus pesantes, après le spectacle de la licence qui, sous le nom de liberté, leur avoit souri momentanément.

On objectera peut-être, que cependant à Rome des affranchis s'élevèrent à une haute considération; que, même des esclaves, furent admis au sénat; c'est Dion Cassius qui nous l'apprend (3). Ventidius Bassus, d'abord muletier, devint ensuite tribun du peuple, préteur, consul; vainquit

---

(1) *V.* Gronov. t. 5, p. 558.

(2) Macrobe saturnal *passim.* Goguet, *Origine des lois*, l. 6, c. 2. Ste.-Croix, *Des anciens Gouvernemens fédératifs*, p. 379.

(3) Dion Cassius, *in-fol.* Hamburgi, 1750, l. 40, p. 261, lib. 43, p. 360, etc.

les Parthes et obtint les honneurs du triomphe. Mais quelques faits très-rares ne comportent pas une induction générale. Adrien envoie souffleter un esclave, parce qu'il se promenoit avec des sénateurs (1). Pline le jeune se fâche sérieusement de ce que le sénat avoit élevé un esclave à la préture (2). Et pourquoi pas, s'il en étoit digne? Or, Pline ne dit pas qu'il fût dépourvu de mérite : la qualité d'esclave est le seul motif de sa colère.

Dans nos colonies modernes, on a vu quelquefois des esclaves avoir des esclaves; bizarrerie étrange qui constitue propriétaire du temps, du corps, des forces d'un individû celui qui est la propriété d'un autre : la même contradiction existoit chez les anciens. Ces mots, *vicarius-servus*, dans les ouvrages des poètes et des jurisconsultes romains, équivalent à ceux d'un vieux glossaire cité dans Brisson, *servi servorum* (3).

Voilà donc des rangs entre les esclaves; mais à Rome on connoissoit encore une classe d'individus dans la dépendance, sans être dans l'état de servitude. De là s'établit la différence entre ce qu'on nommoit *servus*, *ancilla*, qui perdoient

---

(1) *V.* Spartien, c. 24.

(2) *V.* Pline, *Epistol.*, l. 1, c. 29.

(3) . . . . . *esse sat est servum; jam nolo*
Vicarius esse.

MARTIAL.

leur liberté, et *famulus, famula*, qui ne la perdoient pas (1), qui étoient même quelquefois des personnes de confiance. Telles étoient sans doute ces filles qui joignoient l'art d'écrire en notes à celui de l'écriture ordinaire. On lit dans Ammien Marcellin, *ancilla notarum perita* (2). C'est donc une erreur d'avoir imprimé récemment que la domesticité étoit absolument inconnue aux anciens (3).

Je n'examine pas, si, comme le prétendent divers auteurs, les peuples du Nord n'avoient que des esclaves pour le service domestique, et si les Grecs et les Romains n'eurent qu'assez tard des esclaves cultivateurs ; il paroît qu'en général l'esclavage ancien étoit appliqué aux mêmes travaux que la domesticité chez les modernes, soit aux

---

(1) V. *Leyseri opuscula quibus jurisprudentiæ civil. historia et ars diplomatica illustrantur, in-4.°* Norimbergæ, 1800, p. 115, et les *Synonymes latins*, par Gardin Dumenil, au mot *Famulus*.

(2) Ammien, Marcellin et les *Elémens de la critique*, par Morel, p. 243.

(3) *V.* Dans la *Feuille villageoise de l'Aveyron*, n.° 10, 15 octobre 1806, un *Essai sur la Domesticité en France*, par Cabrière fils, p. 310. — Gori, *Inscriptionum antiquarum in-fol.*, Florence, 1743, t. 3, p. 105 et suiv., montre la différence qui existoit entre *servi* et *serva*, *servitores*. Ces derniers, attachés aux bas emplois des temples, étoient libres ou affranchis.

champs, soit à la maison. Les anciens esclaves chargés de toutes les affaires domestiques, étoient, suivant l'expression de Pignorius, des instrumens animés qui tenoient lieu aux maîtres de pieds, de mains, d'yeux et d'oreilles (1). Théophraste peint le caractère du méfiant par ces mots : « Lorsqu'il « envoie un esclave au marché, pour acheter des « provisions, il le fait suivre par un autre qui « s'informe du prix (2). » Quant aux occupations des champs, jadis honorées par ceux qui avoient commandé les armées et gouverné la république romaine, elles furent ensuite abandonnées aux esclaves. L'agriculture y perdit, c'est une remarque faite par d'illustres écrivains géoponiques, Varron et Columelle, qui connoissoient bien la supériorité du travail exercé par des mains libres (3). Pline l'ancien exprime la même pensée par ces termes remarquables : *Coli rura ab ergastulis pessimum est et quidquid fit à desperantibus* (4). C'est le désespoir qui causa les guerres multipliées des esclaves en Sicile (5). Gratana voit dans l'esclavage une des causes principales qui amenèrent

---

(1) Pignorius *in prœludio* de son Traité *De Servis*.
(2) Theoph., c. 18.
(3) *V.* Varron, l 1, et Columelle, l. 2, n.° 4, p. 74.
(4) Plinii hist., l. 18, c. 6.
(5) *V.* Athénée, l. 6, et Diodore de Sicile, l. 36. Paul Orose, l. 5, c. 9.

la chute de l'Empire romain (1). Après avoir avili les individus, on avilit la terre et l'industrie. La religion a tant fait pour honorer le travail, affranchir les hommes et les rappeler à leur dignité primitive! comment l'expression d'*œuvres serviles* a-t-elle pu se conserver dans l'enseignement religieux, et jusque dans le catéchisme publié pour l'église gallicane, ouvrage peu exact d'ailleurs, sous d'autres rapports?

Le système féodal, établi dans toute l'Europe, remplaça l'esclavage par le servage de la glèbe qui attachoit les hommes au sol sur lequel ils étoient nés.

Depuis l'introduction de ce régime dans notre continent, on y trouvoit, sous une foule de noms différens, des subordonnés qui, dans le midi de l'Europe surtout, étoient appelés *mancipia*, *adscriptitii*, *servientes*, *lidi*, *ledi*, *litones*, *condomi*, *coloni*, *manentes*, *villani*, d'où nous avons fait les mots *colons*, *manans*, *villains*, en modifiant leur acception primitive. Beaucoup d'auteurs les désignent sous la dénomination collective de serfs, quoique plusieurs ne le fussent pas. Leur condition les rapprochoit plus ou moins de la domesticité et leur sort s'amélioroit à mesure que le

(1) *V.* Beschouwingen van de huissetyke Slaverin by de Romainer, etc. par Gratana, *in*-8.° Leyden, 1806.

christianisme étendoit ses conquêtes. Les Frisons, pour la plupart, étoient encore idolâtres quand ils rédigèrent un code qui assimile les serfs aux bêtes de somme (1). Les Visigoths étoient chrétiens quand leur loi défendit d'outrager l'*ouvrage de Dieu* (ce sont ses termes), en mutilant des esclaves, en leur coupant le nez, les lèvres, les oreilles, et cela sous la peine de trois ans de punition, qui seroit décernée par l'évêque. Pendant ce temps, le coupable étoit d'ailleurs privé de la gestion de ses biens (2).

La loi lombarde statue que si un serf épouse une femme libre, les parens de celle-ci peuvent la vendre ou la tuer, et disposer de ce qu'elle posséde; s'ils négligent d'user de ce droit, les officiers royaux peuvent la mettre au nombre des femmes serves du roi (3). Il paroît que Rotharis adoucit cette rigueur, en condamnant seulement la femme à perdre la liberté.

Chez les Lombards, une autre classe d'hommes nommés *aldii* ou *aldiones*, qui avoient ou pouvoient avoir des serfs, étoient tenus à certains

(1) V. *Barbarorum leges antiquæ cum notis et glossariis*, par Canciani, de l'ordre des Servites. 4 vol. *in-fol.* Venetiis, 1781—9, t. 4 p. 9.

(2) Canciani, t. 4, p. 140.

(3) *V.* Muratori *Antiquitates medii ævi*, p. 864, et Canciani, t. 1, p. 66.

travaux envers les seigneurs, lesquels prenoient à leur égard le titre de *patrons*, plutôt que celui de *maîtres*, parce que ces *aldii*, comme les *fiscalins*, comme les *lites*, n'étoient pas serfs. Muratori, et après lui Canciani qui, en publiant le recueil le plus étendu que nous ayons des *lois des Barbares*, l'a enrichi de savantes notes, placent les *aldii*, ou *aldiones*, entre les serfs et les affranchis (1). Mais son ouvrage même le réfute, car on sait que les peines étoient alors graduées sur deux échelles, la nature du délit et la qualité de la personne. Or, la loi lombarde porte que pour violence à une *aldia*, c'est-à-dire à une femme libre, on paiera quarante sous (solidos), et seulement vingt sous si c'est une *liberta* ou affranchie. Ainsi, *aldia*, et conséquemment les *aldii*, placés au-dessus des affranchis, étoient comme les *arimanes*, dans un état qui tenoit du vasselage et de la domesticité.

A Rome, la première classe étoit celle des *ingénus*. Ils n'étoient que la seconde chez les Saxons, divisés ainsi qu'il suit dans l'historien Nithard (2). Les *edlingi* ou nobles, les *frilingi* ou *ingénus*, et les *lazzi* ou serfs. Ces lazzi, sur lesquels disserte longuement Leyser (3), changèrent de dénominations

(1) *V.* Muratori *Antiquitates medii ævi*, p. 864, et Canciani, t. 1, p. 66 et 80.

(2) *V.* Nithard., lib. 4.

(3) V. *Leyseri opuscula quibus jurisprudentiæ historia*

lorsque les Slaves, ayant été vaincus par Henri-le-Lion, duc de Bavière et de Saxe, furent réduits à la servitude. L'ouvrage de Constantin Porphyrogenète sur le cérémonial de la cour bizantine (1), et les lois de Louis IV, roi de Germanie, recueillies dans Goldast (2), nous apprennent que des Vendes et des Slaves, conduits de la Bohême et de la Moravie en Autriche, y étoient vendus, puis transportés en Grèce, à Constantinople surtout, où ils étoient employés à des travaux pénibles. La dénomination de Slaves, alors substituée à celles de *lazzi*, de *serfs*, passa dans beaucoup de nos langues modernes : sklaw, slave, slaef esclave, esclavo escravo, schiavo, dans les langues allemande, anglaise, hollandaise, française, espagnole, portugaise, italienne, etc.

En Angleterre, au-dessous des paysans ou artisans libres nommés *Ceorles*, étoient les serfs divisés en *personal-servants* et *predial-servants*. Ceux-là n'avoient rien en propre : ce qu'ils gagnoient étoit pour le maître qui les nourrissoit;

---

et ars diplomatica illustrantur. In-4.°, Norimbergæ, 1800, p. 121, 126.

(1) *V.* Constant. Porphyrogenete de *Cerem. aulæ Bysant.*, p. 1, c. 7, édit. de Reiske, p. 211.

(2) *V.* Ludovici IV.ti regis German. leges portoriæ apud Goldast., t. 1, p. 210. *V.* aussi Hulman, *Hist du commerce Bizantin*, etc.

ceux-ci étoient marchandise, on pouvoit vendre leurs personnes, mais non leurs biens; car, quoique attachés à la glèbe, ils avoient le droit de posséder des terres (1). Ce qu'on lit dans Strutt sur cet article n'est pas d'une exacte conformité avec ce qu'en dit Mazeres. La différence entre leurs récits s'explique sans doute par celles des usages féodaux dans un même pays; les noms varioient réellement, car les *predial-servants* attachés à la glèbe sont désignés, dans Mazeres et Houard, sous le nom de *villains regardants;* mais les *personal-servants*, appelés *villains in gross*, beaucoup moins nombreux, étoient obligés de suivre partout le seigneur, qui à leur égard pouvoit se permettre tout, excepté les tuer, les mutiler, et prendre leurs femmes nommées *villaines* et *niefs* ou *nièves*, c'est-à-dire natives (2).

Les lois du pays de Galles, rédigées sous le roi Hoël, et approuvées dans l'assemblée nationale vers le milieu du 10e. siècle, contiennent sur ces objets des dispositions extrêmement bizarres. Les *villains*, considérés comme marchandise qu'on

---

(1) V. *A complete view of the Manners of England*, by Strutt, *in*-4° London, 1776, t. 3, p. 17.

(2) V. *A view of de ancient constitut.*, par Fr. Mazeres, dans le *Recueil de la société des antiquaires de Londres*, t. 2, p. 312 et suiv.; et Houard, *Anciennes lois des Français*, 2 vol. *in*-4.° Rouen, 1766, t. 1, p. 263.

peut donner ou vendre, sont tenus à beaucoup de redevances, celles entr'autres de nourrir neuf fois l'année les chevaux, les chiens et les faucons du Roi; mais les personnes des deux sexes, attachées au service personnel du Roi et de la Reine, sont traitées d'une manière favorable. Dans les cours modernes, les grands-officiers de la couronne sont à grande distance au-dessus des subalternes employés à la cuisine et à la buanderie. Cette distance est beaucoup moindre dans les règlemens de Hoël, qui embrassent les détails des droits et des devoirs, depuis le grand-veneur, le préfet du palais, jusqu'à la servante de la Reine, la blanchisseuse, etc. (1).

En France, les capitulaires déclarent que si un serf, frappé par son maître avec une pierre ou un bâton, meurt sur-le-champ, le maître subira une peine dont il est exempt quand la victime survit, *quià pecunia ejus est* (2). Grégoire de Tours nous apprend que Chilpéric, lors du mariage de sa fille avec un prince goth, envoya pour présent de noces en Espagne, beaucoup de serfs de ses terres, situées aux environs de Paris; et comme la plupart répugnoient à cette déportation, on jeta les uns

---

(1) V. *Cyfreithjeu hywel, etc.*, seu *Leges wallicæ, etc.*, publiée par Wotton, *in-fol.* Londini, 1730, l. 1, *passim.*

(2) Canciani, t. 3, p. 263, et *Capitular*, l. 6, n.° 11.

dans les cachots, on accabla les autres de mauvais traitemens. Forcés de quitter parens, enfans, épouses, amis; arrachés aux objets de leur tendresse, beaucoup de ces malheureux se tuèrent de désespoir. Ce récit déchirant de Grégoire de Tours présente un tableau semblable à celui de la désolation (1) qui régnoit à la côte de Guinée, lorsque sur les vaisseaux négriers on embarquoit les cargaisons d'esclaves et que les marchands d'hommes étoient prêts à mettre à la voile.

Godefroy (2) et le président Bouhier nous montrent, sous les deux premières races, des esclaves qui ne l'étoient qu'à demi et qui ressembloient aux gens de mainmorte (3) : ce reste hideux de l'ancien servage s'étoit perpétué en Franche-Comté. Le chapitre de Saint-Claude avoit encore des serfs, dont Voltaire et Christin se constituèrent les défenseurs. On a inculpé les chanoines sans considérer que, compris eux-mêmes avec tout le clergé sous la dénomination identique *de gens de mainmorte*, mais dans une acception très-différente et n'étant qu'usufruitiers, ils n'avoient pas le droit d'abolir le servage sans l'intervention de l'autorité législative : on voit par le mémoire de l'avocat

(1) Grégoire de Tours, l. 6, c. 45.

(2) Godefroy, l. 5, t. 19.

(3) Bouhier, *Coutume de Bourgogne*, t. 2, p. 418 et 419.

M. Mirbeck (1), que l'évêque, le chapitre et les curés de Saint-Claude, s'étant adressés au Roi pour obtenir cette abolition, n'eurent que le tort de n'avoir pas réclamé plus tôt. Un illustre évêque du voisinage, saint François de Sales, avoit montré l'exemple, lorsque, même avant d'être en possession du temporel de son église, il avoit déjà pris des mesures pour en affranchir tous les serfs.

Les monumens recueillis par Muratori (2) et Gori (3) prouvent que le servage affoibli dans les 11e, 12e et 13e siècles étoit presqu'entièrement aboli au 14e, dans plusieurs états chrétiens. Ils en exceptent entr'autres le Frioul, où, en 1393, des maîtres stipulent le partage des produits du travail des serfs, possédés par indivis. (4) Fontanini et Liruti de Villa Freda y trouvent des affranchissemens, jusque dans le 15e siècle (5). Ces serfs, connus sous le nom de *servi de Masnada*, c'est-à-dire, nés *in mansis*, à la maison, faisoient partie du

---

(1) *Mémoire pour l'affranchissement des Serfs de l'évêché de Saint-Claude*, par M. Mirbeck, *in-4.°* Paris, 1786.

(2) V *Antiquitates Italiæ medii ævi*, *in-fol.* Mediol., 1738, t. 1, Dissert. 14.

(3) V. *Symbolæ litterariæ opuscula varia*, par Gori, *in-8.°*, 1752, Romæ, t. 4, p. 232.

(4) *Ibid.* Dissertation de Fontanini *Delle Masnade*. t. 9.

(5) *Ibid.* Dissertation de Liruti *De servis medii ævi*, in *Foro. Julii*, t. 4.

domaine, étoient vendus avec le domaine. On leur laissoit quelques avantages; par exemple, des jours de travail à leur profit, ils étoient mieux traités que ceux qui, appliqués au service personnel du maître, vivoient habituellement sous ses yeux, et néanmoins l'état de ceux-ci changea plus rapidement. Des la fin du 12e siècle, on ne voit plus guères, en France, d'esclaves attachés à la maison, mais des hommes libres qui, pour un temps limité, contractent des engagemens dont ils stipulent les conditions, au lieu que l'esclavage de la glèbe, adouci ou aboli dans diverses provinces, pesoit encore sur d'autres, jusque dans le 15e siècle; et puisqu'il faut citer Louis XI, ce sera pour remarquer qu'en 1461 il confirmoit l'affranchissement des habitans de Marcoin en Bassigny, tandis que, la même année, il permettoit à ceux de St-André-les-Avignons d'acheter, de tenir et vendre des esclaves des deux sexes (*esclavos et esclavas*), ainsi qu'il est d'usage, dit-il, à Narbonne et autres lieux de France. L'année suivante, il rend une ordonnance pareille, en faveur des habitans du Roussillon et de la Cerdagne (1).

Heureusement pour les peuples de divers pays, les Rois s'étoient trouvés intéressés à humilier les

(1) V. *Ordonnances du Louvre*, t. 15, par M. Pastoret, p. 88, 225 et 642.

grands vassaux qui, du haut de leurs tourelles environnées de fossés et de ponts-levis, se faisoient redouter quelquefois de l'autorité gouvernante. Au temps des Croisades, beaucoup d'affranchissemens avoient été accordés à prix d'argent, dont on avoit besoin, c'est la remarque de Bettinelli (1) : quelques autres furent l'ouvrage de la nécessité et des circonstances.

C'est à la religion chrétienne qu'est due spécialement la gloire d'avoir consolé l'espèce humaine et amené un ordre de choses plus conforme à la liberté, à la justice. Les trois célèbres édits de Constantin en faveur des affranchissemens, furent dictés par des motifs religieux. Justinien et Théodose marchèrent sur les mêmes traces (2).

Un fait trop peu développé par les historiens, c'est que les maximes libérales de l'Evangile furent une des causes des persécutions par lesquelles on tenta de submerger dans des flots de sang, une doctrine qui réclame partout en faveur de l'indigent et du foible, qui censure sans ménagement les oppresseurs : cette morale philantropique épouvantoit le despotisme.

---

(1) *Del risorgimento d'Italia negli studi*, 2 vol. *in*-8.° Bassano, 1775.

(2) Justinianum manumissionum fautorem defendit Schaetes, *in*-4.°, 1735.

Tandis que le christianisme s'efforçoit de rompre les chaînes, la cupidité en rassembloit les anneaux pour en former de nouvelles. Dans le moyen âge, des marchands Vénitiens, Amalfiotes et Génois, achetoient des esclaves sur les côtes nord-ouest de la Mer-Noire, soit pour les transporter en Egypte (1), soit pour les livrer aux Sarrazins d'Espagne et de Sicile (2). Ils vendoient même leurs compatriotes aux Juifs, qui les revendoient aux Sarrasins d'Afrique ; et nos pères, dit Papon, alloient gémir dans les fers, chez un peuple qui fournit aujourd'hui des esclaves à l'univers (3). L'Europe s'indigne des pirateries des Barbaresques, tandis que, dans cette même Afrique, elle a exercé jusqu'à nos jours un brigandage bien plus horrible.

Bodin, dans sa République, observe que les affranchissemens commencèrent, en Europe, par-delà les Pyrénées. Pourquoi le pays qui avoit donné un si bel exemple a-t-il démenti le premier cette conduite, par l'introduction de la traite des Nègres?

La religion travailloit sans relâche en faveur de la liberté, par les exhortations des pontifes et les

(1) *V.* Chacondyle, édition de Paris, p. 72. Hullman, *Histoire du commerce bizantin ;* And. Dandoli, *Chronica circa annum* 880, apud Muratori, t. 12, p. 186.

(2) Marini, *Istoria politica dell comm. Venez.*, 1789. Venezia, p. 206 et suiv.

(3) *Histoire de Provence*, t. 2, p. 213.

décisions des conciles. Celui d'Orange, en 442, (canon 7), avoit frappé d'excommunication quiconque tenteroit de ramener sous le joug les affranchis. Un concile de Westminster, présidé par saint Anselme de Cantorbery, défend de vendre les hommes. Saint Jean l'aumônier (1), saint Bonnet, évêque de Clermont (2), saint Germain, de Paris, (3) saint Vulstan, évêque de Worcester, (4) saint Anschaire, archevêque de Hambourg (5), sainte Olympiade, sainte Bathilde, emploient leurs talens, leurs richesses, à hâter les affranchissemens et achètent même des esclaves pour leur donner la liberté.

Honneur au pape Alexandre III, qui écrit à Lupus, roi de Valence : *La nature n'a pas créé d'esclaves, tous les hommes ont le même droit à la liberté* (6). Un historien, qu'assurément on n'ac-

(1) *V.* Bollandus, t. 2, p. 213.

(2) *Ibid.* 20 mai, p. 779. *V.* Papon, *Hist. de Provence*, t. 2, p. 121.

(3) Dans l'*Anglia sacra* de Wharton, t. 2, p. 244.

(4) Dans les Bollandistes, la *Vie de S. Wulstan*, par Guillaume de Malmesbury.

(5) *V.* Bolland. 3 février, p. 433, et *Vermichte beytrage zur Kirchengeschichte*, par M. Munter, p. 290.

(6) Cùm autem omnes liberos natura creasset, nullus conditione naturæ fuit subditus servituti. *V.* la *Lettre d'Alexandre III*, dans Raoul de Diceton, dans le recueil *Historiæ anglicanæ scriptores*, 2 vol. *in-fol.* Londres, 1652, t. 1, p. 580.

cessera pas d'être partial en faveur des papes, se répand en éloges sur le pontife qui, au nom d'un concile, déclare que tous les chrétiens doivent être exempts de la servitude. Cette loi seule, dit Voltaire, suffit pour faire bénir son nom chez tous les peuples (1). Les fêtes, multipliées par l'église, allégeoient le joug du servage, en attendant qu'elle pût le briser. Cette intention est formellement exprimée dans l'ancien rituel de Rome, connu sous le nom d'*ordo romanus*, en parlant des trois jours des rogations. On plaçoit au premier rang des bonnes œuvres, celle qui donnoit la liberté. De là tant d'affranchissemens, avec cette clause : « Pour la « rémission de mes péchés, pour le soulagement « de mon âme et de celles de mes ancêtres. »

L'église de Rome et celle d'Aquilée avoient pour émanciper des formules différentes : celle-ci faisoit faire trois fois à l'esclave le tour de l'autel, puis elle le déclaroit libre ; mais l'esprit et l'effet de ces rites étoient les mêmes, et les membres les plus distingués du clergé montroient l'exemple ; ainsi, en 1382, le cardinal de Prata, qui avoit beaucoup de serfs, les mit tous en liberté.

Cette influence salutaire du christianisme sur les affranchissemens est une vérité en faveur de laquelle déposent les principes, les faits et une

---

(1) *V.* Essai sur l'*Histoire universelle.*

multitude de témoignages, recueillis dans les conciles et dans Agobard, Yves de Chartres, Marculfe, Reginon, Em. Gonzalez, Lemaître, Bignon, Baluze, Jac. Sirmoud, Thomassin, Muratori, Gori, Ward, Liruti, Fontanini, Robertson, etc. (1) Cependant, de nos jours, Perreciot a tenté d'en affoiblir les preuves (2), et dans la classe des sciences morales et politiques de l'institut on avoit contesté cette assertion, qui sera l'objet d'un ouvrage particulier.

Depuis l'époque des affranchissemens, l'agriculture se perfectionna, et notre continent acquit la prépondérance sur les autres parties du monde.

---

(1) *V.* 1.er Concile d'Orange, c. 7.
— 2.me d'Arles, c. 54.
— Agobard, *De Dispensatione*, n.° 114.
— Yvonis *Decretum*, p. 6, c. 13.
— Marculfe *Appendix*, 13.
— Reginon de *Eccle. discipl.*, l. 2, can. 440.
— Em. Gonzales, l. 1, Décret. Gregor. 9. Note ad tit. 18, *bis* n.° 9.
— Bignon. *V. Ses Formules*, n.os 1 et 5.
— Baluze, *Addition à Reginon*, p. 628.
— Jac. Sirmond, *Formul.* n.° 12.
— Thomassin, *passim*.
— Gori, *passim*.
— Muratori, *passim*.
— *Ward on the foundation*, etc. *in*-8.° t. 1, p. 125 et suiv.; t. 2, p. 26 et suiv.

(2) V. *De l'Etat civil des personnes et de la condition des terres*, 2 vol. *in*-4.°, 1786.

Les détails un peu diffus dans lesquels je suis entré, m'ont paru, si non nécessaires, au moins utiles, soit pour exposer les motifs qui, en divers pays, à diverses époques, ont modifié la servitude personnelle, soit pour développer les causes qui, ayant affoibli et à la fin détruit l'ancien esclavage pour lui substituer la *domesticité*, ont opéré une révolution favorable à une portion nombreuse de l'espèce humaine.

Dans le sens le plus étendu, l'acception du mot *domesticité* s'applique à tous les subordonnés ou attachés au service; dans la Grèce du moyen âge, Δομεστικος emporte l'idée d'un ami, d'un homme de confiance (1), d'un homme revêtu d'une place éminente (2); plusieurs dignitaires ecclésiastiques et civils étoient *domestiques*. Codin et d'autres auteurs en offrent des preuves multipliées (5). Luitprand nous montre dans l'empire grec un *megadomesticos*, ou grand domestique, général de l'armée de terre (4). Guillaume de Tyr compare cette charge à celle de grand-sénéchal (5). Elle fut pen-

---

(1) *V.* Renaudot, *Perpétuité de la foi*, t. 6, p. 255.

(2) *V.* La Byzantine, *De Legationibus*, t 1, p. 80.

(3) *V.* Codini Curopalate, *De officiis et officialibus*, *etc. in-fol.* Parisiis, 1625, *passim.*

(4) *V.* Luitprand, *De Rebus imperat.* l. 5, c. 7.

(5) *V.* Guill. de Tyr *De Bello sacro*, l. 2, c. 5.

dant quelque temps la première de l'empire, et devint héréditaire dans la famille des princes de Russie (1).

Depuis Charlemagne, souvent on nomma *domestiques* ceux qui aidoient le prince dans les affaires du gouvernement, et même les grands-officiers de la couronne : à ce titre, les électeurs d'Allemagne étoient encore réputés *domestiques* de l'empereur germanique.

Guillaume de Pourcelets, sous Louis VII, est appelé *domestique*, dans la vie d'Éléonore d'Aquitaine. Les anciens nobles plaçoient chez d'autres nobles, plus riches qu'eux, leurs enfans, dès l'âge de dix à douze ans; ils y portoient la livrée, faisoient les fonctions d'écuyers, pansoient les chevaux, servoient à table. Dans les *mémoires* de Bayard on lit, qu'étant fort jeune, il fut conduit par son père, chez son oncle, évêque de Grenoble : après la messe, « on se mit à table où de « rechef chacun fit très-bonne chère, et y servoit « le bon chevalier tant sagement et honnêtement « que tout le monde en disoit du bien. » Théodore Godefroy raconte qu'un jour, chez cet évêque, le duc de Savoye étant à dîner, Bayard *le servoit et*

---

(1) *V.* Jean Meursii *Glossarium græco-barbarum.* 2.e édit. *in*-4.° Lugduni-Batav. 1614, au mot Δομεστικος.

très-mignonnement se contenoit (1). Le duc de Bouillon, en sa qualité de vicomte de Turenne, payoit au duc de Noailles une pension qu'on a regardée, dans le siècle dernier, comme humiliante, parce qu'elle étoit la récompense de *services domestiques*, rendus par un Noailles à la maison de Turenne : on commençoit à oublier qu'autrefois tous les nobles étoient dans le même cas; que le mot gentilhomme a été long-temps, ainsi que celui de *varlet* dont on a fait *valet* (2), le synonyme de *domestique*; à une époque plus récente, le cardinal de Richelieu, évêque de Luçon, prenoit le titre de *domestique* de la reine-mère de Louis XIII, à laquelle ensuite il causa des chagrins; et Louis XIV, dans une lettre à Christine de Suède, dit qu'ayant résolu d'envoyer au pape un ambassadeur, il jette les yeux sur l'un des plus grands seigneurs, qui est son *domestique*.

Saint Charles Borromée avoit pour l'aider dans son ministère un grand nombre de prêtres *domestiques* qui étoient ses commensaux. Le célèbre évêque d'Osma, Palafox, dans ses *Directions Pas-*

---

(1) V. *Hist. du chevalier Bayard*, par Théod. Godefroy, 2.e édit. *in-4.o* Paris, 1619, c. 5.

(2) Dans la basse latinité, *valetus*, *valatus*, *varletus*, *V.* Ducange.

torales pour les évêques (1), veut que de tous ses domestiques les prêtres soient les plus considérés (2). Dans les fonctions tant civiles que cléricales, cette dénomination n'emportoit aucune idée accessoire capable de ravaler ni le caractère sacerdotal ni la qualité d'ambassadeur, elle n'avoit d'autre acception que celle qui résultoit de l'étymologie.

La qualité de *serviteur*, comme celle de *domestique*, ne fut souvent qu'une vaine formule qui n'excluoit ni les dignités ni l'orgueil.

Dans ce qu'on va lire, *domesticité* signifie un engagement libre, à terme et moyennant salaire, pour vaquer aux travaux de la maison, au service domestique ou aux occupations rurales. Mais le lecteur est prévenu que les réflexions et les vues qu'on présente s'appliquent très-peu aux domestiques des champs, et qu'elles ont presque entièrement pour objet la domesticité dans les villes.

(1) *In*-12. Paris, 1677.

(2) *Ibid*, p. 56, c. 3. Parmi les motifs qui peuvent faire congédier les serviteurs, on lit : « Celui qui prend du tabac « avec scandale ou en fumée, de manière qu'on le voit, ou qui « en aura l'odeur dans la maison, ou que l'on reconnoîtra « pour tel en voyant son habit ou sa personne. »

CHAPITRE II.

Etat de la Domesticité en divers pays.

Il seroit aussi fastidieux qu'inutile d'indiquer les subdivisions nominales que le besoin, mais plus encore le luxe et l'orgueil, ont introduites dans la domesticité, à raison des travaux divers qui sont assignés aux serviteurs. Swift en compte dix-sept dans l'ouvrage ingénieux dont il sera question ci-après, intitulé : *Directions pour les gens en service* (1).

Dans la Collection de la Société des Antiquaires de Londres (2), sir Joseph Banks a inséré un Mémoire jusqu'alors inédit de l'an 1605, qui présente une énumération plus étendue et cependant incomplète; si je remarque qu'on n'y trouve pas les *valets de chiens*, c'est pour faire sentir à quel point on a dégradé l'espèce humaine, sur laquelle tant d'individus semblent eux-mêmes invoquer l'avilis-

(1) V. *The works* of Dr. Jon Swift, *in*-8.° London, 1768, t. 12.

(2) *Archæologia or Miscellaneous tracts relating to antiquities*, *in*-4.° London, 1800, t. 5, p. 315 et suiv.

sement. Parmi les enseignes que la bassesse étale dans tous les pays, je me rappelle d'avoir vu à Londres celle de tel N. N., *tueur des punaises de Sa Majesté.* (Bug s-destroyer of his Majesty.)

A mesure que la société s'est compliquée, les besoins réels ou factices ont multiplié les arts d'utilité ou de luxe, et certaines occupations concentrées précédemment dans le service domestique sont devenues l'attribution de professions particulières. Telle est celle de *ramoneur,* qui ne date que du siècle dernier (1).

Dans la principauté de Neufchâtel la domesticité a toujours été douce; le serviteur quittant son état pouvoit facilement se procurer une existence honnête et indépendante, en travaillant dans l'horlogerie, ou en faisant des dentelles. Un garçon horloger peut gagner par jour trois francs et plus. Il y a même des femmes attachées à ce métier qui en gagnent le double. Le prix des ouvrages d'horlogerie et des dentelles ayant baissé, la main-d'œuvre fut pendant quelque temps à meilleur compte, et un plus grand nombre d'individus cherchèrent à prendre du service comme journaliers ou domestiques. Un journalier dans le Val-de-Travers gagne seize à vingt sous par jour avec la nourriture; une

(1) *V.* Le *Recueil des mémoires de bienfaisance*, publiés par Duquesnoi, n.° 2, p. 141.

servante soixante francs et jusqu'à cent francs par an ; un garçon de charrue cent cinquante francs. Les domestiques changent à Noël et à la S. Jean.

A Berne, les temps fixés pour le changement sont le jour de S. Jacques en été, et en hiver six semaines après Noël.

Les domestiques reçoivent des arrhes d'un ou deux écus. Les premiers quinze jours sont des jours d'épreuve : si de part ou d'autre on est mécontent on se quitte, mais les arrhes restent au domestique; celui qui, après les quinze jours révolus, veut quitter la maison, doit en avertir trois mois d'avance, si non il est mis en prison pour vingt-quatre heures, ensuite exilé pour deux ans, et il perd ses gages; si le maître veut renvoyer le domestique, il doit le lui annoncer six semaines avant le jour fixé pour le changement des places. S'il le renvoie brusquement, il est forcé de lui payer le traitement de six mois. Un domestique qui a reçu un soufflet de son maître ou de sa maîtresse peut quitter sa condition sur-le-champ, et le maître est obligé de lui payer un an de service.

Dans cette ville et aux environs, les dames ont adopté les modes françaises, tandis que les servantes ont gardé l'ancien costume de la Suisse. Le petit bonnet noir, de longs cheveux tombant en deux tresses sur les reins et terminés par un ruban qui descend jusqu'aux talons, etc. etc. Ainsi la disparité d'habillement, réglée par l'usage, désigne celle des états, et cet usage a son utilité. La Société des frères Moraves en a même fait une application particulière. Chez eux le ruban de la coiffure rose, bleu ou blanc indique si la personne est fille, femme ou veuve.

Les réglemens de Berne sur la domesticité sont à peu de chose près les mêmes dans tout le pays de Vaud; mais le nombre des domestiques y est plus grand que dans toute autre partie de la Suisse, parce que le luxe des étrangers riches qui s'y étoient établis pour jouir des charmes de la nature et de la liberté avoit perverti l'antique austérité des mœurs. Dans ce pays un garçon de charrue un peu habile reçoit de cent cinquante à deux cents francs par an. Le traitement d'une femme est à peu près de moitié, mais ce taux s'élève si déjà elle est au fait du service.

Brydonne et le docteur Moore se récrient contre cette multitude de valets qu'on trouve à Naples chez les personnes aisées; ils ne logent pas chez les maîtres, et ils coûtent peu. Mais Galanti, dans son excellente *Description des Deux-Siciles*, dit que, pour suppléer à la modicité de leurs salaires, ils volent autant qu'ils peuvent, et que par là s'accroît le nombre des gens sans moralité : car les vols sont le délit ordinaire des pauvres. « Ceux des riches ont d'autres noms, et sont aussi difficiles à prouver qu'à définir. » C'est Galanti qui parle, et ce qu'il dit est applicable à tous les pays. Il compte chaque année environ mille assassinats dans tout le royaume, les deux tiers causés par des rixes, surtout par le vin; l'autre tiers par des jalousies et des vols. Ces détails qui se rattachent à mon sujet, montrent la connexité qui existe entre les crimes et la mauvaise éducation des diverses classes de la société, dont les domestiques sont une portion nombreuse.

Communément on leur donne la *mancia*, des *étrennes*, à Noël, à Pâques, de même lorsque la maîtresse est accouchée heureusement; quand le maître est élevé à quelque charge, les domestiques vont l'annoncer à tous les amis de la maison, et ils reçoivent la *mancia;* on s'en débarrasse avec quelques *carlins*. Les domestiques des magistrats reçoivent aussi la *mancia* des plaideurs qui ayant gagné leurs procès vont remercier les juges (1).

Sur quatre-vingt mille individus à Florence on a compté quinze mille domestiques. Il n'est pas rare que le père, les enfans, les neveux s'attachant à une famille disent *notre maison*. Les servantes craignent d'aller au marché, il en est de même à Madrid; l'usage contraire établi dans d'autres villes

(1) V. *Descrizione geographica delle Sicilie* (par Galanti), *in*-8.° Napoli, 1793, t. 1, p. 505 et suiv.

d'Espagne est regardé comme une des causes de dépravation.

Jusqu'à ces derniers temps des filles Biscayennes se portoient en foule à Madrid, où leur vivacité, leur propreté, leur adresse, obtenoit la préférence pour le service domestique. Elles partoient de Bilbao deux sur chaque mulet, et après avoir amassé quelque argent elles revenoient en Biscaye (1). Pinkerton, d'après Townsend, compte en Espagne deux cent quatre-vingt mille quatre-vingt-douze *criados* ou domestiques mâles (2). Un grand nombre d'entre eux sont des *Gallegos*, des Asturiens et des habitans des contrées nommées *las montanas*, parmi lesquels on trouve de très-bons sujets; à la probité ils allient une sorte de fierté, parce qu'ils se croient issus des héros qui chassèrent les Maures; c'est ce qui fait dire au voyageur Rehfues : « Si « j'étois né dans les Asturies et que je fusse établi « à Madrid, avant de louer un domestique j'exa- « minerois attentivement ses papiers pour éviter « l'humiliation de voir un de mes cousins nettoyer « mes bottes, ou panser mes chevaux (3). »

Les domestiques sont connus en Sardaigne de-

(1) V. *The Weeckley register*, t. 1, p. 263.

(2) Pinkerton, t. 3, p. 61.

(3) V. *L'Espagne en 1808*, par Rehfues, *in*-8.° Paris, 1811, t. 1, p. 180 et suiv.

puis un temps immémorial sous la dénomination de *theracos* et de *theracas*, du mot grec θεράπων, *minister*, *famulus*; le mot *famulatus* des Latins y est exprimé par *therakeia*, qui n'est autre chose que le θεραπεία des Grecs.

Les domestiques n'y sont, à proprement parler, que des associés à leurs maîtres agriculteurs ou pasteurs comme eux; ce sont les deux classes principales qui forment la nation sarde.

Le maître agriculteur loge, nourrit, donne quelques objets d'habillement, fournit des bœufs, la charrue, la terre et la semence à ses *theracos*, et ceux-ci labourent, ensemencent, coupent les blés; le prix est le tiers ou le quart de la récolte, selon la différence de fertilité, ou l'étendue de terres ensemencées. Souvent c'est une couple de bœufs pour un an de service. Dans les intervalles entre les labours et la moisson, le domestique cultive la vigne, soigne les animaux domestiques et fait l'approvisionnement du bois de chauffage (1).

Le propriétaire pasteur emploie à la garde de ses troupeaux des *theracos* qu'il paie en bétail à proportion de l'augmentation des bêtes à cornes ou

(1) Toutes les forêts sont communales. Chaque citoyen a le droit d'y couper du bois pour ses besoins, et d'y introduire ses troupeaux pour le gland.

à laine : du reste les conditions sont les mêmes que celles du domestique laboureur.

Cet ordre de choses, lié au maintien de l'agriculture, conduit les *theracos* à devenir à leur tour propriétaires, pasteurs ou laboureurs; c'est là une des causes principales qui, malgré le poids des impôts multipliés et en nature, du système féodal et des dîmes, contribuent à conserver à la Sardaigne un reste de célébrité sur la richesse de ses moissons et la multiplication de ses troupeaux.

Les *theracas*, ou femmes domestiques, se louent communément pour un an : leurs occupations, les mêmes que celles de la maîtresse, sont les détails du ménage, surtout filer de la laine, du lin (1) et faire le pain; ces trois objets font partie essentielle de tout ménage sarde. Dans plusieurs cantons les parens mettent au service les filles dès leur plus tendre jeunesse à la *carta*, c'est-à dire *ad chartam*, par acte obligatoire. On y stipule que la jeune fille servira sans gages pendant cinq, sept, neuf ans, et la maîtresse s'oblige à donner les plus grands soins à son éducation. A l'expiration de la *carta*, elle lui fournit le trousseau et tout ce qui est nécessaire dans un ménage complet, linge, lit, vaisselle, etc.

---

(1) Pour tisser du drap et de la toile nécessaires à l'approvisionnement de la famille.

C'est pour se marier, ou pour rentrer dans le sein de sa famille paternelle, que la domestique *ad chartam* quitte sa maîtresse. On reconnoît ici une espèce d'adoption temporaire et de *manumission*. Les *theracos* et les *theracas*, même celles qui sont *ad chartam*, sont libres de se retirer quand bon leur semble, et tout maître a le droit de les renvoyer.

Il n'est pas d'ouvrages auxquels soit asservi exclusivement le domestique. C'est simultanément avec son maître qu'il laboure les champs, ou garde les troupeaux; c'est avec sa maîtresse que la domestique s'occupe du ménage; tous mangent à la même table, et sont traités comme les enfans de la maison. Souvent les enfans du maître s'allient en mariage avec des domestiques.

Quand un père de famille, même très-aisé, a plusieurs enfans, il garde auprès de lui ceux qui sont nécessaires pour les travaux de la maison, et met les autres en service en qualité de *theracos* : tant il est vrai qu'on est éloigné d'y attacher la moindre idée d'avilissement; on n'y voit que l'exercice de l'état de laboureur ou de pasteur. L'Europe du moyen âge lioit les hommes à la *glèbe*, l'Europe moderne regorge d'oisifs galonnés, de laquais, de femmes qui remplissent les antichambres, et veillent jour et nuit à prévenir (tout en les haïssant) les besoins factices de leurs maîtres; de telles mœurs n'ont jamais influé sur la domesticité de cette île.

Il faut en excepter, dans deux ou trois villes principales, les palais de la haute noblesse et des évêques, qui fourmillent aussi de laquais, à l'*instar* des cités opulentes du continent. On y trouve même cette hauteur qui distingue la noblesse castillane et les inquisiteurs espagnols.

Dans les usages particuliers à la ville de Raguse, on distingue ceux qui concernent les domestiques des deux sexes. Les garçons (*dictichi*) entrés dès l'âge de huit ou neuf ans chez des maîtres qui leur font apprendre la lecture, l'écriture et le calcul, ne les quittent que vers l'âge de vingt ans, et communément pour entrer dans la marine. Les *djevoske* sont des filles campagnardes qui, entrées pareillement fort jeunes au service, ont outre la nourriture et le vêtement une petite paie. Après huit ou dix ans de bonne conduite dans la maison on leur donne une espèce de dot ou de trousseau nommé *sprawa*, que fournissent les parens et les amis de la maîtresse. Cette dotation, qui a toujours lieu un samedi, est pour la servante un jour de fête. Les dons envoyés sont de l'argent, des robes, des mouchoirs, dont la maîtresse tient compte exact pour en rendre de pareils en pareille occasion. On les met sur un bassin d'argent à côté d'un autre qui contient la somme des gages annuels de la servante. Ses parens arrivent de la campagne au bruit des mousquets et de la musique, apportant des paniers couverts de rubans et remplis de fruits, de tourtes et d'autres comestibles. Ils sont accueillis par les maîtres qui les régalent ce jour-là et le lendemain : beaucoup de personnes, et surtout de dames invitées se réunissent. On passe en revue les présens. La servante introduite se met à genoux pour demander la bénédiction à sa maîtresse; celle-ci lui adresse des éloges sur sa bonne conduite, et lui annonce qu'ayant été élevée dans la maison, si elle veut y rester, elle sera désormais considérée comme étant de la famille. Des larmes d'attendrissement accompagnent cette solennité qui se termine par un bal pour les domestiques et un autre pour les maîtres. Les parens retournent au village de la même manière qu'ils en sont venus. Si la servante reste dans la maison, on augmente ses gages, et au bout de six ans elle reçoit une nouvelle *sprawa*. Cet usage et ceux de la Sardaigne dont on vient de parler, encouragent les serviteurs à la vertu, les rapprochent de leurs maîtres, les associent à leurs intérêts, fortifient leur attachement mutuel, et procurent d'excellens domestiques. On remarque même à Raguse que la manière dont les servantes sont traitées y attire un trop grand nombre de paysannes qui répugnent à retourner aux travaux champêtres (1).

On voit qu'en général dans ce pays l'état des domestiques n'est pas flétri. Cette différence d'opinion suffit pour donner la mesure de leur moralité respective. Avilir les hommes, c'est l'infaillible moyen de les rendre vils; leur marquer des égards, c'est le moyen d'en obtenir des services plus étendus. Telle est sans doute une des raisons pour lesquelles les Chinois, libres à Batavia, y sont, au rapport de Barrow, d'excellens serviteurs (2).

Les Corses ont une répugnance extrême à la domesticité. Jadis il en étoit presque de même en Hollande, où l'on avoit su détruire les distinctions qui blessoient l'égalité sociale, sans détruire la subordination. L'éducation, généralement bonne dans cette contrée, procure à toutes les classes de la société des avantages auxquels participe celle des domestiques. Ils ont communément cet esprit d'ordre qui semble inné chez les Hollandais, qui régularise tous les détails du ménage, qui compasse, pour ainsi dire, toutes les actions; mais aussi c'est un des pays où le joug de la domesticité est plus allégé.

---

(1) V. *Annales des voyages*, par M. Malte-Brun, in-8.° Paris, 1813, t. 21, cahier 61, p. 34 et suiv.

(2) V. Barrow, *Voyage de la Cochinchine*, trad. en français, t. 2, p. 97.

Il est allégé, parce que les serviteurs ont pour coopérateurs les maîtres qui partagent le travail (1), et que les servantes sont traitées avec bonté par les excellentes mères de famille dont la Hollande abonde. Il n'est pas rare que des domestiques appellent les maîtres leurs oncles, les maîtresses leurs tantes, les enfans leurs cousins, quoiqu'il n'y ait entre eux aucun lien de parenté (2); ainsi les domestiques des deux sexes, jouissant de tous les avantages de la famille, s'y attachent, et cet attachement leur a inspiré quelque fois des efforts héroïques. Lors de l'incendie du théâtre d'Amsterdam, plusieurs se précipitèrent au milieu des flammes, et y périrent en voulant sauver leurs maîtres (3).

Les domestiques sont très-multipliés en Suède, à Stockholm surtout. La raison en est qu'on n'y trouve pas des journaliers qu'on puisse employer selon ses besoins. La loi demande compte à chacun de ses moyens de subsistance, et ses moyens, aux yeux de la loi, ne peuvent être qu'une possession de

---

(1) *A Tour through the Batavian republic*, by Felle, in-8°. London, 1801, p. 199 et suiv.

(2) *V.* Dans les *Moyens de détruire la mendicité en France*, in-8.° Châlons-sur-Marne, 1780, ch. 13, p. 446 et suiv. Le mémoire de M. Descombres.

(3) *V.* Dans les *Œuvres inédites* de Grosley, in-8.° Paris, 1813. *Voyage en Hollande*, t. 3, p. 2[illegible] et suiv.

terre, une rente, un métier. Dès lors tous les membres de la société sont obligés d'avoir une profession déterminée. De là l'usage d'engager à six mois ou un an des domestiques qui exécutent les ouvrages pour lesquels ailleurs on est obligé de recourir aux diverses professions. Chacun fait sa bière, son eau-de-vie, etc.

Dans tout pays où l'on trouve beaucoup de châteaux, communément il y a beaucoup de chaumières, quelques hommes ont trop et d'autres trop peu. Tel est l'état de la Russie, où la servitude de la glèbe ravale des millions d'individus au-dessous de la domesticité. Chez les grands seigneurs, les valets très-nombreux sont des meubles d'ostentation. Le voyageur Clarke élève à plus de cinq cents ceux du comte Orlow, les uns déguenillés, les autres somptueusement habillés; ils coûtent très-peu à leur maître, parce que les vêtemens et tous les articles de subsistance sont fournis par des paysans opprimés. Il existe, dit-on, dans cette contrée un tribunal où l'on dépose les engagemens entre les maîtres et les domestiques, et qui connoît des délits relatifs à la domesticité et de l'infraction aux traités. Muller qui a publié un *Tableau de Pétersbourg*, avoue que sur cet article le code de la police russe contient de sages dispositions. Par exemple, il prononce une amende rigoureuse contre celui qui reçoit un domestique sans l'annoncer à l'officier du quartier, ou qui le garde au-delà du terme marqué par son passeport sans le faire renouveler; mais la perversité trouve moyen d'éluder les lois, et si les maîtres exigent strictement des certificats, souvent ils sont fabriqués par les domestiques eux-mêmes, ou par quelqu'un de leur connoissance. Le recours à la police contre les délinquans entraîne des pertes de temps inévitables et des frais, ce qui réduit les maîtres à composer en quelque sorte avec l'iniquité pour ne pas agraver leurs propres tourmens. Dans plusieurs maisons, dit Muller, on donne aux domestiques de l'argent pour s'enivrer une fois par semaine, à condition qu'ils ne feront pas d'autres excès; mais là, comme chez nous, les promesses sont trompeuses et les espérances sont déçues (1).

D'après le journal d'un autre voyageur (2), le traducteur français de Clarke ajoute que les domestiques Calmoucks sont estimés dans toute la Russie pour leur intelligence et leur zèle. A cette occasion il cite un de ces Calmouks expatriés, artiste distingué, au service du lord Elgin, qui l'avoit trouvé

---

(1) V. *Tableau de Pétersbourg* et *Lettres sur la Russie*, en 1810, 11 et 12, par Chrét. Muller, trad. par Léger, *in*-8°. Paris, 1814, p. 212 et suiv., et p. 318 et 319.

(2) V. *Voyages en Russie*, par Clarke, *in*-8.° Paris, 1812, t. 1, p. 121, 125 et 320.

exécutant les plus beaux dessins au milieu des ruines d'Athènes. Un Russe bienfaisant l'avoit envoyé à Rome faire des études qui perfectionnèrent son talent; des traits prononcés et plusieurs manières des Calmouks nomades distinguoient ce sauvage civilisé (1).

Colquhoun, dans sa *Police de la Métropole*, suppose que Londres contient deux cent quarante mille familles, dont cent mille ont chacune (calcul moyen) deux domestiques; dix mille des deux sexes sont habituellement sans place par leur mauvaise conduite (2). Ferry Saint-Constant élève à huit cent mille les domestiques en Angleterre, non compris les hommes de journée et les valets de ferme (3).

L'auteur de l'*Histoire de la Jamaïque* (Edward Long) fait un tableau peu flatteur de la conduite des domestiques Anglois; c'est, dit-il, la classe la plus insolente et la plus *ingouvernable*. Les familles les considèrent comme un fléau dont elles seroient moins affligées si le rang et la foiblesse n'en multiplioient le nombre. C'est pis encore à la Jamaïque, où les valets font les *gentlemen*, les servantes les *ladies* envers les Nègres des

---

(1) V. *Voyage en Russie*, par Clarke, *ibid.*

(2) V. *A treatise of the police of the Metropolis*, 2.e édit. *in*-8.o London.

(3) V. Son ouvrage, *Londres et les Anglois*, t. 1, p. 184.

deux sexes, sur lesquels tous se déchargent du travail. Une femme de chambre croit faire beaucoup en se bornant à ourler le mouchoir de sa maîtresse, le valet de chambre à poudrer les cheveux de son maître. Les Nègres sont meilleurs domestiques; ils s'attachent aux familles (1). Tel est le témoignage que rend aux Africains un historien qui assurément n'est pas suspect, car il se montre très-prévenu contre eux.

En 1782, l'évêque Newton, vu l'excès du désordre, réclamoit contre les domestiques des mesures répressives, et vouloit les soumettre à une espèce de régime militaire (2).

La domesticité est extrêmement maltraitée en Irlande. Un seigneur irlandais, dit Arthur Young, auroit peine à imaginer un ordre qu'un domestique ou un paysan refusât d'exécuter. Rien ne satisfait le maître que la soumission la plus illimitée, il peut en toute sûreté punir avec sa canne ou son fouet un manque de respect ou la moindre chose qui en approche; à la suite de ces faits on lit d'autres détails encore plus révoltans (3).

---

(1) V. *The History of Jamaica*, 3 vol. *in*-4.° London, 1774, t. 2, p. 282.

(2) *The Works of Newton*, etc. *in*-4.° London, 1782, t. 1, c. 3, Appendix n.° 13 et suiv.

(3) *V.* Son Voyage en Irlande, *in*-8.° Paris, an 8, t. 2. p. 21[illegible].

Cet état de choses est moins fâcheux en Angleterre, où les lois, dont il sera parlé ci-après, ont pourvu à la conservation des droits respectifs entre les maîtres et les subordonnés, soit apprentis, soit *ménial-servans* ou domestiques. Ordinairement ils sont bien vêtus, bien nourris; les maîtres les tiennent à grande distance, jamais de familiarité; on exige d'eux promptitude, ponctualité, décence; mais on l'exige avec un peu de dureté, surtout envers les servantes (1). De là le mécontentement réciproque: car si les maîtres trouvent que les domestiques sont un mal nécessaire, ceux-ci de leur côté en disent autant des maîtres.

La gratification aux gens de maisons où l'on avoit dîné étoit autrefois en Angleterre un usage très-onéreux pour les convives. Hanway refusa l'invitation d'un lord, en lui disant : Je ne suis pas assez riche pour dîner chez vous. Il publia, en 1759, huit Lettres contre cet abus inhospitalier, qu'on avoit tenté d'abolir par convention presque unanime des maîtres, mais qui subsiste encore en Hollande et à Hambourg, où quelques domestiques n'ont d'autres gages que les gratifications reçues des convives.

Avant de quitter l'Angleterre; j'intercale ici la

---

(1) V. *Tableau de la Grande-Bretagne* (par Baert), 4 vol. Paris, 1802, t. 4, p. 196.

notice que donne Housman sur le louage des domestiques dans le Cumberland et le Westmoreland, aux époques de la Pentecôte et de la Saint-Martin.

Tous ceux qui veulent se louer ont à la bouche un petit brin de paille et un petit rameau vert. Au son des violons, ils se promènent lentement dans la ville, le bourg ou le village, les filles les premières, les garçons ensuite; puis chacun de ceux-ci se choisit parmi celles-là une amie, une *compagne (à sweet-heart)*, la conduit à la danse, la régale de punch et de gâteau; souvent une partie des gages sont absorbés dans cette circonstance. Quand ils ont conclu leur marché avec des maîtres, ils retournent, pour une huitaine, chez leurs parens, afin de voir leurs amis et de raccommoder leurs vêtemens (1).

Les Anglais qui vont résider en Canada, emmènent communément avec eux des domestiques, parce qu'ils sont rares dans cette contrée; mais cette rareté même empêche qu'ils ne les conservent, car on les leur débauche. Le lord Dorchester, gouverneur du Canada, il y a quelques années, avait emmene d'Angleterre vingt domestiques : un an après, tous l'avaient quitté. Le voyageur Lam-

(1) V. *A topographical Description of Cumberland, Westmoreland*, etc., by John Housman, *in*-8.° Carlisle, 1800, p. 70 et suiv.

bert, qui nous donne ces détails, ajoute qu'un de ses oncles en avait perdu dix-huit par la même cause (1).

Quant aux servantes Canadiennes, pour la plupart françaises, filles ou veuves de soldats, le portrait qu'il en fait n'est pas avantageux. On ne prend aucun renseignement sur leurs mœurs. Elles n'entendent rien à la direction d'un ménage, pas plus que leurs maîtresses, et comme celles-ci n'ont pas en général une conduite très-morale, le mauvais exemple corrompt ces filles, qui ne se louent jamais pour un terme plus long qu'un mois. Une servante qui reste quatre ou cinq mois dans une maison est une espèce de phénomène (2).

Les domestiques très multipliés en Angleterre, très-rares en Canada, le sont encore plus dans les Etats-Unis. Un écrivain Irlandais (Will. Sampson) assure qu'un des chevaux hanovriens couleur de *café au lait*, du roi George III, a plus de domestiques que le secrétaire d'État de l'*Union* (3).

Liancourt prétend qu'à peine on y compteroit vingt Américains en service; la plupart sont des

(1) V. *Travels through Lower Canada*, etc., by John Lambert, *in*-8.°, 2 vol. London, 1810, t. 2, p. 75 et suiv.

(2) *Ibid*, t. 2, p. 294 et suiv.

(3) V. *The Memoires of Will. Sampson*, *in*-8.° New-York, 1807.

Irlandais et des Allemands. Les nationaux abhorrent des fonctions qui sont le partage ordinaire des esclaves; mais par une inconséquence assez bizarre, il n'est pas rare de voir des filles de famille aisées se faire servantes (1). En général les domestiques sont bien traités. On peut en juger par ce que raconte le même auteur, des Nègres et Négresses à gages de Philadelphie, qui donnent des bals, y déploient une parure recherchée, servent des rafraîchissemens et des soupers élégans (2).

Parkinson se plaint aussi amèrement de la difficulté de se procurer dans les Etats-Unis, des ouvriers et des domestiques et de leur conduite. Janson qui a publié récemment son voyage: l'*Etranger en Amérique*, s'indigne de leur arrogance. C'est leur faire affront de parler de leurs *maîtres* et *maîtresses*, attendu qu'ils prétendent n'en point avoir, n'être que des *aides*, et non des *domestiques*, qualification, disent-ils, qui doit être réservée aux Nègres(3). Il y a sans doute du vrai dans ce récit, mais certains voyageurs, entr'autres Parkinson ne sont-ils pas des hommes soudoyés pour

---

(1) *V.* Liancourt, *Voyages dans les Etats-Unis*, *in*-8°. Paris, an 7, t. 2, p. 86 et 78, p, 519 et suiv.

(2) *Ibid.* t. 6, p. 332.

(3) V. *The Stranger in America*, by Charl. Will. Janson, *in*-4. London, 1807.

déprécier tout ce qui existe dans les Etats-Unis, où ils semblent ne trouver qu'à regret quelque chose de bien. Ces détracteurs, choqués de ne pas voir s'incliner profondément devant eux des domestiques qu'ils puissent maltraiter et plier à leur caprice, appellent insolence, désobéissance, tout ce qui ne présente pas les formes de la servilité. Il leur est plus facile de conserver les préventions qu'ils ont apportées, que de les soumettre à l'examen.

Ce caractère de la domesticité dans les Etats-Unis, résulte de plusieurs causes : la nature même du gouvernement et la composition de la société. Que les pauvres comme les riches, les serviteurs comme les maîtres soient tous de la même famille, c'est une vérité triviale, mais cependant presque méconnue en Europe dans la pratique. Elle ne l'est pas encore dans les Etats-Unis, quoique la cupidité y soit très active et la richesse beaucoup trop honorée. D'ailleurs la rareté des ouvriers, des gagistes et le haut prix de la main-d'œuvre facilitent à chacun les moyens d'améliorer sa condition. Tous les ans, des essaims d'Irlandais et d'Allemands franchissent l'Atlantique et commencent par servir; mais dans un pays où plus qu'en tout autre est répandu un esprit d'entreprise et d'industrie, au bout de trois ou quatre ans la plupart deviennent chefs d'ateliers ou fermiers. Ceux qui sont employés dans les manufactures en apprennent rapidement les procédés, et font pour leur compte des établissemens qui prospèrent, parce que souvent ils donnent les produits manufacturés à meilleur prix que leur ancien maître.

Les détails suivans sur la domesticité, son caractère, ses réglemens et ses effets, qui ont été envoyés de Boston par un observateur, n'ont rapport qu'à cette partie des Etats-Unis, connus sous le nom de Massachussett, car à mesure qu'on avance vers le sud, où l'esclavage est plus ou moins admis, la domesticité change de caractère. Dans ceux de ces Etats où les esclaves sont en grande quantité, très-peu de blancs veulent être domestiques; et la condition de ceux-ci est même de toute autre nature que dans les Etats, où il n'y a pas d'hommes de couleur en esclavage. Il ne faut pas perdre de vue cette observation.

On peut dire qu'il existe deux espèces de domesticité bien distinctes et bien séparées. La première, celle des hommes et des femmes qui se louent pour faire le service de la maison, comme en Europe. Il ne faut point de réglement particulier pour cette espèce de domesticité, parce que l'engagement n'est que d'une semaine, et que le mécontentement mutuel, s'il y en a, ne peut être de longue durée. Il est très-ordinaire, surtout parmi les domestiques femelles, de ne pas annoncer qu'elles ont laissé la maison; le maître n'en est instruit que parce qu'il ne les voit pas revenir le soir, et que la semaine est finie : mais communément elles préviennent quelques jours auparavant.

Le service est si facile, si peu fatigant dans les villes, que le changement fréquent des domestiques ne peut être attribué qu'au désir d'essayer une autre maison (1). Les gages s'élèvent depuis une demi-piastre jusqu'à trois quarts de piastre par semaine pour les femmes, et pour les hommes de deux à deux piastres et demie.

Il y a une différence pour les hommes à la campagne; l'engagement est au mois, et le prix est depuis dix jusqu'à quinze piastres; mais cet engagement et ce prix ne sont que pour le temps des grands travaux, qui n'étant à proprement parler, que de sept mois, s'étend néanmoins jusqu'à huit. L'âpreté du froid ne permet pas en hiver le travail

---

(1) Ce désir est aussi la cause ou l'effet d'une conduite désordonnée, comme l'observe M. Benjamin Rush, dont les écrits abondent en idées qui satisfont l'esprit et le cœur. Il voudroit que les engagemens fussent d'une année pour les domestiques des deux sexes, qu'ils eussent de leurs maîtres des certificats de bonnes mœurs, contre-signés par le magistrat. Il attache beaucoup d'importance à cette mesure, dont il sera parlé ci-après. *V. Essays literary moral and philosophical, etc.*, by Benj. Rush. *In*-8.° Philadelphia, p. 121 et suiv.

hors de la maison. La terre est gelée au moins à deux pieds de profondeur, et souvent couverte d'un pied ou de dix-huit pouces de neige.

Le sort des femmes domestiques à la campagne n'est pas autre que dans les villes ; leurs gages sont seulement un peu moindres, mais comme dans les villes elles ne s'occupent que du ménage, tous les travaux de l'agriculture se font par les hommes, même ceux qui exigent le moins de force, tels que le fanage, la cueillette des lins et du maïs.

En général, on ne voit dans l'état de domesticité, que de jeunes gens, du moins parmi les blancs. Les garçons y restent jusqu'à ce qu'ils aient les moyens de maintenir leur famille, et les filles jusqu'à ce qu'elles aient trouvé un mari ; et comme l'usage est que ceux-ci ne s'inquiètent point si elles ont peu ou point d'argent, ce qu'elles gagnent est entièrement employé à leur parure. Il est souvent très-difficile de distinguer dans la rue la domestique de la maîtresse. C'est à quoi sans doute il faut attribuer la répugnance des servantes à faire aucun travail hors de la maison. Si par hasard la pompe manque d'eau et qu'il faille aller dans la rue en chercher, ne fût-ce qu'à dix pas, elles y vont avec peine, et souvent refusent. Il en est de même pour servir à table ; elles posent les plats et ne reparaissent que pour les ôter. Il est vrai que le régime diététique du pays rend leur présence moins nécessaire; du rôti et de la viande salée, des légumes, tels que choux, carottes, betteraves et surtout des patates, le tout bouilli et mangé ensemble dans une même assiette, empêchent l'inconvénient de cette absence que notre régime à ragoûts multipliés feroit peut être plus apercevoir en France qu'on ne s'en aperçoit au-delà de l'Atlantique.

Une autre preuve que les filles ne se livrent à l'état de domesticité qu'en attendant un mari, c'est qu'en s'engageant, elles mettent souvent dans leurs conditions qu'elles auront la liberté de recevoir leur *sweet-heart*.

La manière de vivre des domestiques est la même que celle des maîtres; le thé ou le café matin et soir; pain et beurre, jambon, poisson ou viandes salées, tel est le régime, tant à la ville qu'à la campagne. Les domestiques femelles ont leurs soirées de thé, auxquelles elles invitent leurs amis : ce thé a le même cérémonial que celui qui se donne au salon. Un maître qui seroit connu pour se refuser à cette espèce d'usage, auroit beaucoup de peine à trouver des domestiques. De ces détails, on peut conclure que leur état est fort doux : celui de maîtres le paroît beaucoup moins, dans les rapports mutuels de ceux qui servent et de ceux qui sont servis.

Avant de passer au second état de domesticité, il est une remarque essentielle à faire, c'est que les pères, quels qu'ils soient, ne donnent pas de dot à leurs enfans : cependant, on se marie généralement de bonne heure, et les familles sont nombreuses. Une autre observation assez importante, c'est qu'une femme ne travaille point ; elle ne s'est pas mariée pour cela : l'allaitement des enfans, leur entretien et la propreté de la maison, voilà son occupation. La tâche du mari est de pourvoir par son industrie aux besoins de sa famille naissante, et, pour cela, il faut avoir un état : c'est aux moyens de l'obtenir que se rapporte la seconde espèce de domesticité.

Dès que les enfans ont atteint l'âge de douze ou quatorze ans, temps auquel ils savent tous lire et écrire, par l'admirable institution des écoles primaires (1), les parens cherchent à leur donner un métier. Les lois astreignent les tuteurs et les officiers municipaux à faire la même chose, pour les mineurs orphelins. Le goût de l'enfant est consulté ;

---

(1) Chaque canton d'une population donnée, est obligé, par la loi, d'entretenir une école ; s'il y manquoit, la législature y pourvoiroit, et les frais seroient supportés avec une amende par ces mêmes habitans qui auroient négligé de remplir ce devoir. Si quelque partie de la communauté, par sa situation au milieu des bois, par la foiblesse de sa population, se trouve hors d'état de pourvoir en entier par elle-même à l'entretien de l'école, dans ce cas la législature vient à son secours.

il fait partie, s'il a quatorze ans, dans le contrat appelé *indenture*.

Par ce contrat, les parens, les tuteurs ou officiers municipaux et l'enfant, s'engagent, eux à le laisser, celui-ci à rester jusqu'à l'âge de vingt-un ans, pour les hommes, et de dix-huit pour les filles, chez un ouvrier, marchand, marin, fermier, imprimeur, etc. etc., pour apprendre la profession du maître qui l'entretient, et envers lequel il est astreint aux devoirs d'un serviteur. En apprenant leur métier, les enfans sont obligés à tous les ouvrages de la maison, même chez les marchands. Le maître peut exercer la correction paternelle. Les parens n'ont plus aucun droit sur le temps, ni sur les actions de l'*indented*. Si, par hasard, il quittoit la maison de son maître, celui-ci peut le faire arrêter et même emprisonner. Ceux qui auroient donné asile au fuyard, ceux qui auroient conseillé ou favorisé son évasion, seroient condamnés à une indemnité et à une amende, et l'engagement seroit prolongé au-delà des vingt ans, le double du temps que son absence auroit duré.

Il est très-rare de voir des parens garder leurs enfans chez eux, pour apprendre leurs propres métiers ; ils préfèrent de les engager chez des ouvriers de la même profession, et de prendre eux-mêmes des enfans étrangers. Mais si les lois ont pourvu aux droits du maître, en lui assurant, pour les dernières années de la durée de l'*indenture*, les profits de l'intelligence de l'élève et de son travail perfectionné par la pratique, elles n'ont pas abandonné celui-ci sans protection, aux caprices, à la négligence ou aux mauvais traitemens de celui-là.

Le maître a des droits, il a aussi des devoirs; il doit instruire l'*indented*, le nourrir, le vêtir comme son propre enfant; ses corrections ne doivent pas passer les bornes qu'un bon père s'impose; s'il les excède, s'il le laisse manquer des choses nécessaires, s'il n'enseigne pas son art, et tout son art, alors l'enfant peut se plaindre, assisté ou non de ceux qui étaient parties avec lui dans son contrat. Le juge, à qui lui et ses parens ou tuteurs se sont adressés, prend les mesures que la loi indique, pour s'assurer de la vérité des allégations; si elles sont prouvées, il prononce la dissolution du contrat, et l'*indented* peut passer chez un autre maître: moins les jeunes gens sont âgés, et plus il est aisé de les placer.

Le maître qui sort du pays, ne peut contraindre l'*indented* de le suivre, s'il s'y refuse, excepté le cas d'engagement avec un marin, parce qu'alors le temps et le service sont précisément pour une profession qui exige cette sortie.

Les lois paroissent faire une distinction entre les garçons et les filles, non-seulement quant à la durée du contrat, mais encore quant à la possibilité de le rompre; car la loi, en disant que les filles seront engagées jusqu'à dix-huit ans, ajoute : A moins qu'elles ne se marient avant ce temps. Cette exception ne paraît point avoir lieu pour les garçons; ils répondent à ceux qui, les voyant assidus auprès d'une jeune fille, leur demandent s'ils se marieront bientôt : *Je ne suis pas libre*, *ou quand je serai libre.*

L'âge de douze à quatorze ans, fixé généralement pour la sorte de domesticité dont on vient de parler, admet quelques modifications par rapport aux enfans des parens très-aisés : ceux-ci sont envoyés dans les colléges ou universités, d'où ils ne sortent qu'à seize ou dix-sept ans. C'est le cas des enfans d'avocats, de médecins, de négocians fortunés ou de riches propriétaires. Alors ils entrent chez des avocats, médecins, etc., avec lesquels ils restent sept ans aux mêmes conditions que les autres, avec les restrictions que l'âge doit apporter; souvent aussi il n'y a que leur travail et leur temps d'engagés. Ils logent chez leur père, qui les entretient, ou ils se mettent en pension.

L'observation qu'on a faite sur la répugnance des pères à garder chez eux leurs enfans, même pour y apprendre ce qu'ils apprendront chez les autres, est la même pour la classe riche ou censée telle, et c'est une chose fort extraordinaire que de voir le fils d'un négociant travailler dans le comptoir de son père, à moins qu'il ne soit libre ; alors il l'associe quelquefois à son commerce.

Cette association est une suite assez commune de l'*indenture*, surtout dans les premières années qui suivent les vingt-un ans, et fort souvent l'*indented* devient le gendre de la maison qu'alors il quitte ; car les jeunes mariés ne demeurent point avec les parens. C'est encore un usage particulier au pays. S'étendre davantage sur cet objet, ce seroit répéter ce que quelques voyageurs ont dit avec plus ou moins d'exactitude.

Les orphelins de parens sans fortune et les enfans trouvés doivent être ainsi engagés par les parens ou par les officiers municipaux. Les conditions du contrat sont très-simples : *l'entretien et l'envoi à l'école publique de la paroisse.* La vie, dans les campagnes surtout, est si peu coûteuse, les bras sont si rares, relativement aux besoins, que le service de ces enfans, depuis dix jusqu'à quatorze ans, compense les frais qu'ils peuvent occasionner, et fait qu'ils sont fort recherchés, avec d'autant plus de raison qu'on a l'espérance, à quatorze ans, de passer à la seconde division du contrat dans laquelle l'enfant est partie contractante avec ses tuteurs légaux ou naturels.

Ce consentement requis d'un jeune homme de quatorze ans, est une protection pour son enfance antérieure, puisque, si on l'a maltraité, il voudra s'en aller, et ses travaux, jusqu'à vingt-et-un an, étant d'un prix dont notre Europe n'a pas d'idée, influeront d'autant sur la conduite des maîtres à son égard. Une chose qu'on peut assurer, c'est qu'on n'aperçoit aucune différence entre l'*indented* et les enfans de la maison, relativement aux vêtemens et à la nourriture. On laisse à décider si cette institution n'est pas préférable à celle de nos hôpitaux pour les enfans trouvés.

Les esclaves dans l'antiquité étoient incomparablement plus nombreux que les domestiques dans nos temps modernes. Plusieurs auteurs italiens, Fidèle Honofri, Jérôme Bardi, Nicolas Dolgioni et Zittio ont consigné dans leurs écrits sur la population de Venise, au 17e siècle, des calculs détaillés, d'après lesquels le rapport du nombre des domestiques, à la population totale de la ville, étoit, suivant les uns, un peu moins que le 16e, suivant les autres, un peu plus du 14e (1).

Je n'ai pas assez de données pour asseoir un calcul exact sur le nombre des domestiques des deux sexes dans la France actuelle. En 1786, Per-

---

(1) *Cronologia Veneta*, par Fidèle Honofri, *in*-12. Venetia, 1663. *Le cose notabile della citta di Venetia*, par J. Bardi, *in*-8.° Venetia, 1606. *Cose notabile e maravigliose della citta di Venetia*, di N. Dolgioni et ampliata da Zittio, *in*-12. Venetia, 1662, etc.

reciot imprimoit qu'il ne formoit pas le treizième de la population. Dans la ville de Baume, composée de 2412 habitans, on ne compte, disoit-il, que 180 domestiques des deux sexes; les grandes villes en ont davantage, mais il y en a beaucoup moins dans les villages, plusieurs même n'en ont aucun (1).

En 1796, à Turin, sur 93,076 individus, on comptoit 3,168 domestiques mâles
et 5,292 femmes.

Total 8,460 des deux sexes; c'est le onzième de la population.

D'après la statistique du département de l'Indre, on y comptoit,

En 1789, 7,772 domestiques mâles.
Et en 1801, 7,169 donc la diminution
étoit de. . . . 603

En 1789, 7,951 domestiques femelles.
En 1801, 7,695 donc la diminution
étoit de 256

Donc, en 1801, le nombre total des domesti-

---

(1) V. *De l'Etat civil des personnes*, 2 vol. *in*-4.° 1786, t. 1, p. 148, ch. 15.

tiques de ce département étoit de 14,864, sur une population évaluée à 209,911 individus; c'est à peu près le quatorzième.

En 1801, la population de Coblentz, chef-lieu de Rhin et Mozelle, s'élevoit à 10,691 individus

dont	530	domestiques mâles
et	876	femelles.
Total.	1,406	

Bonn, même département, avoit alors 8,833 individus et seulement

	15	domestiques mâles
et	175	femelles.
Total. . . .	190	

Creutznach, sur 4,805 habitans comptoit

	229	domestiques mâles.
	293	femelles.
Total. . .	522	

On voit quelle disparité présentent ces localités différentes.

Le nombre des personnes en service s'accroît avec l'accumulation des richesses, les distinctions sociales et l'inégalité des diverses classes. On a dit précédemment que Colquhoun compte à Londres environ deux cent mille domestiques. Il y en a proportionnément plus encore à Moscow, ville de deux cent mille âmes en été, et de trois cent mille en hiver, où suivant un géographe on compte 80 mille domestiques (1).

A Paris et dans toutes les grandes villes, le nombre des domestiques augmente journellement par les tristes effets d'un luxe autrefois toléré, ensuite encouragé. Mais s'écarteroit-on beaucoup de la vérité en supposant qu'en France un million d'individus des deux sexes est employé au service personnel, indépendamment de ceux qui sont livrés aux travaux agricoles? Communément la même table réunit ces derniers à leurs maîtres, dont ils sont plus rapprochés que dans les villes; ici la distance est plus marquée.

Dans ce tableau ne sont pas comprises les Colonies flétries par l'esclavage. J'en excepte l'île de Saint-Louis en Afrique, où l'on a des domestiques dont le voyageur Durand fait l'éloge (2). Ainsi, il faut entendre avec restriction et n'appliquer qu'à l'intérieur de ce continent l'assertion de Mungo-Park, que dans cette partie du monde on ne connoît pas de serviteurs salariés et libres comme en Europe (3).

---

(1) *V.* Les *Annales géographiques*, par Malte-Brun. t. 1, p. 59.

(2) V. *Voyage au Sénégal*, par Durand, *in*-4.° Paris, 1802, p. 214.

(3) *V.* Mungo-Park, *Voyages dans l'intérieur de l'Afrique.* 1800, p. 32.

Des noirs de la Nubie ont été jusqu'à la fin du siècle dernier dans l'usage d'aller librement offrir leurs services aux habitans du Caire, où ils étoient connus sous le nom de *berberis*, dont les Européens ont fait *barberins*. Ils retournoient dans leur pays au bout de quelques années avec ce qu'ils avoient gagné. On les peint comme des domestiques intelligens et adroits, mais voleurs. Leur habillement et leur nourriture ne coûtoient presque rien; leurs gages étoient très-modiques, et les Européens établis en Egypte les prenoient volontiers à leur service, excepté les Français à qui, depuis l'an 1706, le consul Maillet avoit défendu d'avoir des domestiques Nubiens; cette défense étoit une espèce de représaille contre le roi de Sennaar, dans les Etats duquel avoit été assassiné Du Roule, envoyé par Louis XIV en Abyssinie (1).

La domesticité est établie dans l'Inde, où, pour être bien servi, on préfère aux Européens, les gens du pays. On est obligé d'en avoir un grand nombre, parce que la division des castes ayant réparti les fonctions, chacun se borne à celles qui sont affectées à sa caste; si on lui demande plus, il répond : *ma caste le défend*. Cette multiplicité de

---

(1) V. *Voyage dans la Haute et Basse-Egypte*, par Sonnini, 3 vol. *in* 8.° Paris, t. 2, p. 380-9.

domestiques est telle, qu'au rapport des voyageurs, il n'est pas rare de voir à la porte d'une assemblée de quinze à vingt personnes deux cents domestiques qui attendent leurs maîtres (1). L'inconvénient du grand nombre est compensé par la modicité des gages, puisque trois serviteurs malabares ne coûtent pas plus qu'un en Europe, et ils sont en général plus fidèles. Cependant, cette assertion est inconciliable avec le témoignage d'un homme très-instruit des mœurs indiennes. Wardt assure que les domestiques y sont menteurs, libertins, et qu'en faisant des marchés pour leurs maîtres, ils sont dans l'usage de faire, pour leur propre compte, des friponneries qu'ils révèlent lorsque brouillés entre eux ils se querellent et se font des reproches (2).

Quant aux esclaves de ces contrées, quelle que soit leur couleur, ils sont à l'abri des cruautés exercées contre ceux des Antilles, et leur sort est extrêmement adouci par la bienveillance; chez les Arabes tout leur devient commun avec les en-

---

(1) *Voyages aux Indes*, etc., par Renouard-de-Sainte-Croix, *in*-8.° Paris, 1810, t. 1, p. 69, et lettre 19, p. 120.

(2) V. *Account of the writings, religion and manners of the Hindoos*, by W. Wardt, *in*-4.° Serampore, 1811, t. 1. Préface, p. xxj et suiv. *V.* aussi Buchanan, *Travels*, etc.

fans de la maison, et souvent, au don de la liberté, le maître joint celui d'un troupeau (1). Ce régime de bonté a lieu dans toute l'étendue de l'empire turc (2), où des Nègres arrivent quelquefois aux premières dignités. Les Africains ne trouvent des maîtres barbares que chez des nations qui se prétendent civilisées.

---

(1) *V.* Regnier sur l'Egypte, p. 45.
(2) Sonnini, *ibid.*

CHAPITRE III.

Notice de quelques Ouvrages concernant la domesticité.

Si la raison présidoit toujours aux jugemens des hommes, l'utile seroit la règle d'après laquelle ils répartiroient l'estime. L'agréable ne seroit jamais considéré que comme accessoire. Tel est l'ordre indiqué par la sagesse : les passions l'ont interverti ; on peut encore, comme Columelle, comme Feyjoo, s'étonner qu'il y ait tant de maîtres à chanter, à danser, et si peu pour enseigner l'art de cultiver (1). On préfère ce qui divertit à ce qui instruit, ce qui flatte les sens à ce qui fortifie la raison, à ce qui épure le cœur. Depuis long-temps on a cité la disparité choquante des traitemens d'un cuisinier et d'un instituteur. Je ne serois pas surpris d'entendre dire qu'un profond moraliste est mort de faim, mais un habile saltimbanque ne court jamais ce danger.

La même injustice se manifeste dans la manière

(1) V. *Theatro critico*, t. 8.

dont le public accorde ses suffrages aux écrivains qui lui consacrent leurs veilles. L'auteur d'une brochure immonde ou impie sera vingt fois plus connu, , plus accueilli que ne le furent Vaucanson et Chamousset, dont toute la vie fut dévouée à rechercher ce qui pouvoit contribuer au bonheur des humains. Le journal des *Gourmands*, qui par son existence même, atteste la dégradation sociale, sera plus répandu qu'un écrit destiné à rendre meilleure une portion nombreuse de nos concitoyens. Non seulement les gens du *bon ton*, gens aimables et souvent méprisables, mais des doctes à prétention, croiroient déroger à leur dignité en s'abaissant aux classes de la société que l'orgueil repousse au dernier rang. Trouve-t-on beaucoup d'écrivains assez philantropes, assez courageux, pour mépriser à cet égard les dédains du public ? Par là s'explique la rareté des livres français sur l'instruction des domestiques, leurs devoirs et ceux des maîtres. Chez plusieurs nations lettrées de l'Europe il n'existe peut-être pas un seul ouvrage sur ces matières, qu'ils n'ont traitées qu'incidemment et dans des livres où certainement les domestiques n'iront pas chercher ce qui les concerne. Telle est chez les Italiens la collection très-volumineuse intitulée : l'*Idée de l'Univers* (1), par

(1) V. *Idea del universo*, t. 3, p. 319.

l'abbé Hervas ; deux siècles plus tôt avoit paru l'ouvrage de François Tomasi, *le Régime du père de Famille*, imprimé en 1580 (1). Après avoir distingué la servitude qu'il lui plaît d'appeler naturelle, de celle qui est légale, il traite de la servitude libre et mercenaire, ce qui le conduit à celle des courtisans qui est effectivement une domesticité sous un autre nom, mais son livre diffus et confus résiste à l'analyse. Un chapitre a pour objet d'examiner comment doivent être vêtus les domestiques d'une famille illustre (2). Il conclut pour l'uniforme, c'est l'équivalent de la livrée. Il resteroit à examiner si l'introduction de cet usage n'est pas une des causes de la dépravation.

L'énorme *in-quarto* de Thomas Garzoni, sur toutes les professions du monde, n'est qu'un fatras indigeste qui parle de tout et n'apprend rien. Dans l'énumération des professions diverses, il compte les devins, les cabalistes, les voleurs, les faiseurs d'almanachs et d'épitaphes, les ordonnateurs de funérailles, les duellistes, les hérétiques, les inquisiteurs, les médisans, les prédicateurs, les prélats, les postillons, les tambours, etc. On se doute bien qu'il n'aura oublié les domestiques d'au-

(1) V. *Reggimento del padre di famiglia*, di Francisco Tomasi, *in*-4.° Firenza, 1580, l. 1, p. 193 à 241.

(2) *Ibid.* l. 1, c. 11, p. 209 et suiv.

cune espèce, pas même ceux qui s'occupent de la *cicuration* des animaux (*domesticatori d'animali Selvatici.*) Les domestiques qu'il estime le plus sont ceux d'écurie, parce qu'ils soignent *l'animal le plus noble*, c'est-à-dire, qu'il flétrit en eux la dignité d'homme pour ne leur donner qu'un mérite emprunté des bêtes de somme confiées à leurs soins. Vient ensuite le panégyrique de Bucéphale. Garzoni déclare cependant qu'un grand nombre d'entr'eux sont dignes de la hart (1).

Ce que les Italiens ont de mieux à citer dans ce genre de littérature, est un excellent ouvrage intitulé : « Abrégé de la vie de Louis Stefanelli, domes- « tique du cardinal Cibo, mort à Rome en odeur « de sainteté, le 8 septembre 1737. » Le cardinal ayant de concert avec un autre ecclésiastique, recueilli les faits, chargea de la rédaction un humble cordelier que la providence destinoit à la plus éminente dignité de l'Eglise. Dans cette biographie, Ganganelli montre la religion comme elle est essentiellement, toujours grande, toujours aimable. Son ouvrage publié en 1737, fut traduit douze ans après dans notre langue (2). « Il faudroit, (disoit « le cardinal Cibo au Pape Clément XII), il fau-

---

(1) V. *La piazza universale di tutte le professioni del mondo*, par Thomas Garzoni, *in*-4.° Venetia, 1587.

(2) *in*-8.°, Paris, 1779.

« droit descendre dans le cœur de Stefanelli pour « savoir jusqu'où le christianisme élève les per- « sonnes les plus communes. Je suis ravi, mais « étrangement humilié de voir qu'un jeune homme « qui n'est que mon domestique, est cependant « mon maître dans la vie spirituelle et la pratique « des conseils évangéliques. Il parle de Dieu comme « s'il étoit inspiré, il agit comme s'il avoit la foi « qui transporte les montagnes. Je le révère au « point, que depuis long-temps je l'aurois tiré de « la domesticité s'il avoit voulu y consentir, et « je me mettrois souvent à ses genoux, si je ne « craignois de lui faire de la peine. Il est pour « moi l'homme le plus capable de m'encourager « à la piété (1). »

Clément XII fut tellement frappé de cet éloge, qu'il chargea le cardinal Cibo de le recommander aux prières de Stefanelli, avec lequel il voulut ensuite s'entretenir et dont il demandoit souvent des nouvelles ; tant il est vrai que la vertu commande l'admiration. Un simple domestique conquit l'estime de plusieurs papes, et mérita d'avoir pour historien celui d'entr'eux qui, dans le 18e. siècle, a le plus illustré la tiare.

Depuis long-temps les Anglais ont des écrits des-

(1) *Ibid.* p. 71 et suiv.

tinés à l'instruction des domestiques. Dès l'an 1543 Challoner avoit traduit dans leur langue le traité latin de Gilbert Cognatus, intitulé : οἰκέτης, *sive de Officiis famulorum* (1).

On a cité précédemment un mémoire de l'an 1605, mis au jour par le chevalier Banks, contenant le règlement domestique d'une grande maison. On rapporte presque à la même époque deux autres écrits du même genre, l'un pour la maison du comte de Huntingdon (2); l'autre, sous l'an 1610, pour celle du prince de Galles, « qui exclut les « domestiques irreligieux, parce qu'il ne peut « être bien servi par ceux qui ne servent pas « Dieu (3). »

Dans le même pays, plusieurs livres ascétiques, dont je renvoie les titres dans mes notes, et qui concernent l'instruction des maîtres, des domestiques, des apprentis, etc. (4), furent publiés à la fin du 17e. siècle. Guillaume Penn traite les mêmes

---

(1) Οἰκέτης, *sive De Officiis famulorum*, *in*-8.° Lugduni, 1539, traduit sous ce titre : *The Office of servants translated*, *in*-8.° London, 1543.

(2) V. *Annual register*, de 1804, p. 861 et suiv.

(3) V. *Annual register*, de 1803, p. 868 et suiv.

(4) *Instructions for particular states*, *in*-12, 1689. — *Instructions for masters, traders, labourers*, etc., *in*-12, 1699. — *Instructions for apprentices and servants*, *in*-12, 1699.

sujets dans son ouvrage les *Fruits de la solitude* (1).

L'évêque Fletwood écrivit ensuite seize discours sur les devoirs respectifs des parens, des enfans et des serviteurs (2). On en trouve sur le même sujet parmi ceux de James Foster (3).

Douze sermons bien faits sur les devoirs domestiques, par le docteur Samuel Stennet, ont été imprimés l'an 1800, à Edimbourg (4); James Ramsay en a composé pour les marins (5).

Il existe une foule d'ouvrages plus fameux, plus recherchés des bibliomanes, à raison de ce qu'on y trouve de mauvais, que pour le peu de bon qu'ils contiennent. Telle est la *Fable des abeilles*, par Mandeville, où, à côté de choses très-répréhensibles, se rencontrent quelques observations vraies, concernant les domestiques anglais. Il pérore lon-

---

(1) *Les Fruits de la solitude*, par Guill. Pen, *in*-16. Londres, 1790, traduits par Bridel, p. 74 et 210.

(2) V. *Sixteen pratical discourses upon the relative duties*, ect., 2 vol. *in*-8.°, 1705.

(3) V. *Discourses on all the principal branchy of natural religion and social virtute*, by James Foster, 2 vol. *in*-4.° London, 1749, t. 2, surtout p. 151.

(4) V. *Discourses on domestic duties*, by Sam. Stennet, *in*-8.° Edimbourg, 1800.

(5) V *Sea sermons, etc.*, by Th. J. Ramsay. *in*-8.° London, 1781.

guement sur leur profonde immoralité, surtout dans les quartiers de Londres qui avoisinent la Cour. Il parle d'une société formée par les laquais, et qui n'étoit qu'une conjuration contre leurs maîtres. Mais falloit-il se borner à prouver que la plupart des valets sont ingrats, fripons, etc., et que les meilleurs sont généralement querelleurs et insolens? Après avoir exposé le mal, pourquoi ne pas rechercher le remède?

Daniel de Foë, qui n'est connu chez nous que par son *Robinson Crusoé*, et qui mériteroit de l'être au moins autant par ses écrits en faveur de la liberté, imprima en 1724, « un Examen de la « grande loi de la subordination, ou Remarques « sur l'insolence et la conduite insupportable des « domestiques anglais. » L'auteur, dit un de ses biographes, manquoit son but; car il attendoit de la loi ce qu'il ne devoit espérer que des mœurs. Il avoit mieux envisagé la question dans son *Instituteur de famille*, qui a pour objet les devoirs des pères, mères, époux, serviteurs, publié en 1715; car en 1772, parut la 17e. édition.

Il étoit digne de Hanway de traiter la même matière; et il l'a fait avec succès dans ses *Avis d'un fermier à sa fille*, en 3 volumes, dont on a donné ensuite un abrégé (1). On y peut joindre divers écrits,

(1) *Advice from a farmer to his daughter*, etc., 3 vol. 1772.

qui, souvent réimprimés, mériteroient peut-être de passer dans notre langue, tels que l'*Histoire sentimentale des ramoneurs de cheminées*, par le même (1); les *Réflexions sur la situation respective des maîtres et des domestiques* (2); *Conseils d'amitié, adressés par un ministre aux domestiques de sa paroisse* (3); *l'Ami des domestiques*, de madame Trimmer (4); *Conseil sur l'éducation des classes inférieures du peuple*, par Georges Chapman (5); et les *Observations*, de miss Moore, qui se récrie contre la négligence des maîtres à instruire leurs domestiques, à leur faire aimer la religion, seul moyen de les attacher à leurs devoirs (6). Beaucoup de familles en Angleterre ont conservé l'usage de faire en commun la prière soir et matin, et l'on a vu des domestiques témoigner

---

L'abrégé est intitulé : *Advice from farmer trueman to his daughter upon her going to service*, *in*-8°.

(1) *In*-12. Je n'ai pu le trouver à Paris.

(2) *Reflexions on the situation of master and servants, historycally and politically considered*, *in*-8.° London, 1800.

(3) *Friendly advice from a minister to the servants of his parish*, 4.e édit. *in*-12. London 1796.

(4) *The servant's friend*, etc.

(5) *Hints on the education of the lower ranks*, etc. by P. Chapman, *in*-8.° Edimbourg, 1801.

(6) V. *An estimate of the religion of the fashionable World*, *in*-12. London, 1791, c. 4, p. 123 et suiv.

leur mécontentement, lorsqu'ils étoient chez des maîtres où ce culte domestique n'étoit pas établi (1).

Les événemens politiques ayant suspendu nos relations littéraires avec l'Angleterre, j'ignore si l'on a publié un journal, le premier dans son genre, intitulé : *Domestic magazin*, dont le prospectus, qui parut en 1803, offroit un plan bien conçu.

Les Iles Britanniques paroissent être le pays le plus riche en établissemens et en ouvrages pour l'éducation. Les grandes villes, Londres surtout, ont des libraires, dont le commerce exclusif est ce qu'ils appellent Bibliothéque de la jeunesse. (*Juvenile library*).

Le même esprit, le même zèle régnent dans les Etats-Unis d'Amérique, et particulièrement dans ceux du nord. Saint-John Crevecœur qui avoit vu naître plusieurs de ces Etats, entr'autres celui de Vermont, me parloit avec admiration de la prévoyance paternelle de l'autorité gouvernante.

Lorsque, dans ces contrées naguères sauvages, elle voit un groupe de familles et de maisons, ca-

---

(1) V. *Religions exercises recommended or discourses on secret and family worship, etc*, by Job. Orton, *in*-12. 1.re édit. americaine. Bridgeport, 1809, p. 127. Les journaux anglais annoncent : *Two discourses designed for the use of servants*, *in*-8.° London, 1814.

pable de former une commune, elle y envoie une cloche pour le service du culte, et un maître d'école pour l'instruction des enfans.

En 1809, parut à Charles-town (état de Massachussetts) un opuscule qui, sans avoir pour objet spécial la domesticité, la comprend dans le nombre des classes pauvres, parmi lesquelles on s'efforce de naturaliser les bonnes mœurs et les idées saines; il contient, 1°. les règlemens d'une société, chargée de fureter, pour ainsi dire, tous les recoins du pays pour en connoître l'état moral, découvrir les vices, les abus, en rechercher les causes et appliquer les remèdes;

2°. Un plan d'écoles pour les pauvres, avec le catalogue des livres dont se compose la bibliothèque destinée à leur usage; c'est une chose indispensable dans un pays où tout le monde sait lire, où tout le monde lit (1).

Des hommes à vues étroites voudront sans doute répandre le ridicule sur le projet de faire des livres pour les domestiques, qu'on suppose ne savoir pas lire et n'en avoir pas besoin; mais il est rare de trouver des individus absolument illettrés dans plusieurs contrées, telles que la Suisse, la Hollande, l'Angleterre et surtout l'Ecosse où, dès

---

(1) V. *Miscellanies entertaining and useful designed to check vice and promote general utility*, in 8.° Charles-Town, 1809.

l'an 1696, une loi fit établir des écoles dans toutes les paroisses; je me rappelle avec plaisir qu'entre Birmingham et Wolverhampton, dans une maison isolée sur la route au milieu de la campagne, j'ai trouvé une petite librairie.

Depuis l'époque où chez nous la belle Cordière, à Lyon, et un menuisier de Nevers s'étoient glissés dans les rangs des poëtes, Pott, simple manouvrier, s'étoit distingué par ses vers hollandais, et Beronicius, ramoneur batave, par ses poésies latines, qui ont eu plusieurs éditions.

Sur la fin du 18e. siècle, tandis qu'une esclave négresse, Phillis Wheatley, à l'âge de dix-neuf ans, publioit en Amérique des poésies aimables, en Europe, on imprimoit un poëme contre la traite des Nègres, par Yearsley, laitière à Clifton, près Bristol; les poésies de Greensted, servante à Maidstone, dans le Kent; les poésies de Bloomfield, valet de charrue en Ecosse, dont plusieurs ont été traduites en français; les romans composés par Peyneman, domestique à Glatz, en Silésie, etc.

Cependant il ne faut pas exagérer, comme Goetz dans ses dissertations *de Sutoribus eruditis* (1) et

---

(1) *De Sutoribus eruditis*, par G. H. Goetz, *in*-4.° Lubec, 1700.

de eruditis hortorum Cultoribus (1); comme dans celle qui a été publiée sous la présidence de Schneider, sur les *Paysans* célèbres par leur érudition (2), où l'on fait figurer Adam, Caïn, Jacob, le prophète Amos.

On pourroit de même faire un traité des savans esclaves, et l'on trouveroit dans l'antiquité, au premier rang, Esope et Epictète; mais en se bornant aux temps modernes, on y verroit que Ali-bey et Dragut-Rais avoient été esclaves; que les papes Adrien IV et Sixte Quint avoient commencé par être domestiques, ainsi que les cardinaux Toschi, Bibiena et le savant voyageur Mendez-Pinto; on y ajouteroit même Tournely, si ce théologien, malheureusement trop suivi, valoit la peine d'être cité.

En Hollande, la société du bien général s'est félicitée d'avoir imprimé des recueils de *Chansons pour les matelots*; un *Traité sur les devoirs des ouvriers et des serviteurs*, elle a fixé le prix de ce livre à 3 sols (3); et un roman pour les *Bonnes*. A

---

(1) *De eruditis hortorum Cultoribus*, par le même, 2.e édit. *in*-4.° Lubec, 1726.

(2) *De Rusticis eruditione claris* Præsid. M. Ch. G. Schneider, *in*-4.° Jena, 1707.

(3) *De pligten van hand-werks lieden en dienst booten*, *in*-12. Amsterdam, 1799.

la fin, on a inséré une prière et une chanson pour les enfans (1).

Le Danemark a pareillement un volume de chants religieux, publiés en 1809 par le prévôt Hjort, à l'usage des ouvriers qui fréquentent les écoles du dimanche (2).

En Allemagne, Rochow a répandu des opuscules instructifs parmi les paysans de ses domaines, dans le Brandebourg. Son *Ami des enfans* a été traduit dans notre langue, ainsi que divers ouvrages de Salzman, directeur de l'école de Schnœpfen-thal, près Gotha, et du célèbre Campe, auteur du *nouveau Robinson*. Quoique l'auteur soit protestant, une version espagnole de ce roman a paru avec l'approbation de l'inquisition.

Pourquoi n'a-t-on pas fait le même honneur au *Catéchisme universel d'agriculture*, pour les valets de ferme et les paysans, par Burkendorf (3); à quelques morceaux du baron Knigge, qui dit aux maîtres et aux subordonnés des vérités utiles dans sa *Philosophie pratique*, traduite en anglais par Will, et réimprimée en Amérique (4); aux

---

(1) *De Nederlands kindermaid*, *in*-12, 1802.

(2) V. *Sangbog for Haandvaerksstanden*, *etc. I Soendags-Skolerne samlet og udgivet*, af Viktor K. Hjort, Provst ved Holmen, 1809, Copenhague.

(3) *In*-8.° Burlay, 1776.

(4) V. *Practical philosophy of social life*, *etc.*, *after the*

écrits de madame Morgenstern, qui, occupée sans relâche des moyens d'améliorer l'économie domestique, a publié une foule d'instructions sur cet objet, et spécialement sur les devoirs des personnes en service (1)?

En France, il y a beaucoup d'ignorance dans les classes pauvres; cependant qui n'a pas vu des revendeuses au coin des rues, des cochers sur leurs siéges un livre à la main? Et naguères on rencontroit dans la halle de Paris, au milieu des marchandes d'herbes et de poisson, un homme portant des livres dans un panier, criant : Voilà les *Fables de La Fontaine*, voilà le *Télémaque de monsieur de Fénélon*, voilà les *Contes de monsieur Perrault*. Il n'auroit pas fait métier de les vendre en ce lieu, s'il n'y avoit pas trouvé d'acheteurs. Il n'est même pas rare que des domes-

---

German of baron Knigge, by Will, etc , *in*-8.° Lansingburg, 1805, p. 185 à 193.

(1) *Unterweisung für das Weibliche Geschlecht aus den unter Standen in den pflicten*, etc., *in*-8.° Halle, 1790; et *Lesebuch für angehende Weibliche diensboten*, etc., 1 ster theil *in*-8.° Halle, 1789, 2 ster theil. Halle, 1790. L'année suivante, à Strasbourg, on a réimprimé les deux parties, la première sous le titre énoncé ci-dessus ; la seconde, sous ce titre : *Der Golden spiegel ein Geschenk für Mädchen Welchein dienst tretten wollen*. Med. Morguenstern étoit la mère du savant professeur de ce nom à Dorpat.

tiques louent des livres chez des libraires; ce qui leur donne la malheureuse facilité de lire toutes les turpitudes enfantées par le crime pour corrompre les mœurs.

Nous avons quelques ouvrages destinés à l'instruction des chefs de famille, des serviteurs et des diverses professions : la liste suivante est peut-être une bibliographie incomplète.

1°. Dès l'an 1542, avoit paru un petit livre, composé sous Charles V, intitulé : *Le vrai Régime du gouvernement des bergers et des bergères*, par le rustique Jehan de Brie, le bon berger (1). Il est judicieux et respire une bonhomie touchante. Depuis que j'ai fait connoître cet écrit (2), dont on avoit perdu le souvenir, un second exemplaire est tombé entre les mains de M. Huzard : cet ouvrage n'est pas le seul qui ait pour objet une classe particulière de gens en service. Par exemple, en 1745, fut imprimé in-8°., Paris, le Parfait cocher, sous le nom de *la Chenaie des bois*, mais dont le duc de Nevers est le véritable auteur : c'est un fort bon traité;

2°. Un estimable ecclésiastique, nommé Vachet, mit au jour, en 1688, l'*Artisan chrétien*, ou *la Vie du bon Henri*, instituteur et supérieur des

---

(1) Paris, *in*-12.

(2) V. *Essai historique sur l'agriculture*, p. 128.

frères cordonniers et tailleurs (1) : Buche étoit le nom de ce *bon Henri*, mort en 1666, dont quelques dictionnaires historiques ont recueilli le nom. Il se trompoit, en prenant pour sortilége, parmi les compagnons cordonniers, ce qu'il devoit considérer uniquement comme des impiétés. Il travailla puissamment à les détruire; et c'est ce qui donna naissance à sa société, dont l'origine date de l'an 1645;

5°. L'*οἰκέτης* de Gilbert Cognatus, dont il a été parlé, avoit été traduit en anglais, en 1543; plus d'un siècle après (en 1668), Claude Joly en publia une version française (2). Dans tous nos dictionnaires, la biographie de ce chanoine, mort victime de son assiduité à ses devoirs, est aussi incomplète que la liste de ses ouvrages. C'est le même, dont un livre fut brûlé, parce qu'il contenoit des vérités qu'on vouloit faire faire rentrer au fond du puits (3), le même qui a fait un traité sur les ***Restitutions des grands*** (4) : la pratique ne nous éclaire guères sur

(1) *In*-8.° Paris, 1670.

(2) *V.* Traité de Gilbert, *Cognatus ou Cousin*, intitulé : *Οἰκέτης*, ou *De l'Office des serviteurs*, traduit par Claude Joly, 1668, *in*-12.

(3) V. *Recueil de maximes véritables et impartiales pour l'instruction du Roi*, *in*-8.° Paris, 1652.

(4) *V.* p. 164.

l'utilité de cet ouvrage, mais certainement la théorie en est très-belle.

5°. De Cerisiers qui, après sa sortie des Jésuites, publia, en 1643, un *Discours sur les devoirs des maîtres envers leurs serviteurs* (1), avoit mis au jour, l'année précédente, *Joseph, ou la Providence divine* (2). Joseph est le modèle accompli d'un esclave fidèle, d'un économe intelligent; mais l'ouvrage n'est pas un modèle de bon goût. Il est écrit d'un style que Berruyer eût sans doute admiré; on en jugera par les citations suivantes :

Une dame de condition (*madame* Putiphar), passant près de la boutique des Ismaëlites, qui avoient amené Joseph en Egypte, *fait arrêter son carrosse;* touchée de la bonne mine de ce jeune homme, elle le fait acheter par son mari, dont il devient le confident et l'ami. Mais il semble que la *fortune craigne d'acquérir le nom de Constante*, si elle favorisoit plus long-temps Joseph. Ses disgrâces commencent avec la passion de madame Putiphar, aux sollicitations de laquelle il répond, en disant : « Je n'aurois jamais cru qu'une femme « de votre qualité dût être de votre humeur. » A la suite d'événemens multipliés, on apprend que Putiphar avoit une fille très-chaste et retirée, *son*

(1) *In*-8.° Paris, 1643.

(2) *In*-12. Paris, 1632.

ombre étoit sa plus ordinaire compagne (1), et Joseph l'épouse.

La lecture de cet ouvrage rappelle les réflexions du sage et savant Duguet, précisément sur l'histoire de Putiphar; réflexions applicables au poëme de Joseph, par Bitaubé, et à plusieurs autres écrits d'auteurs vivans, qui, par des incidens romanesques et un style profane, défigurent l'auguste simplicité de l'Ecriture Sainte.

« Les hommes, dit Duguet, qui ne sont con-
« duits que par une sagesse humaine, s'arrêtent à
« décrire tous les labyrinthes d'une passion fé-
« conde en artifices, à marquer tous les sentimens
« qui préparent aux dernières foiblesses, ce qui
« est une leçon pour le vice plutôt que pour la
« vertu, et une instruction méthodique pour y ar-
« river, plutôt qu'une peinture capable d'en ins-
« pirer la haine. L'Ecriture au contraire supprime
« toutes ces profondeurs de Satan et ces secrètes
« magies par lesquelles il déguise le crime, afin d'y
« précipiter les hommes, etc. » J'abrège à regret cet excellent morceau de Duguet, dont on ne peut trop conseiller la lecture (2).

5°. *La vie de Jacques Cochois, dit Jasmin,*

---

(1) *V.* Pag. 112, 113, 138, 231 et 232.

(2) V. *Explication du livre de la Genèse*, Paris, 1732, t. 5, p. 132 et 133, sur le chapitre 39, v. 7.

ou *le bon laquais*, par le R. P. T. de S. L. (Toussaint de Sainte-Luce), de l'ordre des Carmes, in-8°. 2°. édition, Paris, 1675. Après avoir parlé de S. Sérapion qui, avant d'être évêque, étant ermite, avoit quitté son désert pour se faire valet de pied, il propose, pour modèle de chasteté, le patriarche Joseph. Cet exemple est bon à citer et vaut mieux que la réflexion de l'auteur, où il dit que « la fidé-« lité de Cochois provenoit plus de l'attachement « qu'il avoit au service de sa maîtresse, que d'aucun « autre motif. » Assurément la religion en suggère un plus noble, le seul qui, à ses yeux, soit méritoire. Long-temps après la publication de cet ouvrage médiocre, quoiqu'il ait eu trois éditions (1), il fut amèrement critiqué dans un autre qui a pour titre :

6°. L'*Auteur laquais*, ou Réponse aux objections qui ont été faites au corps de ce nom, sur la vie de Jacques Cochois, par Jacques Violet de Wagnon, laquais à Paris, in-8°. Avignon, 1750. Il se plaint qu'on empêche les laquais de porter la canne, et qu'on les écarte des promenades (2). Cet écrit est à peu près une misérable diatribe.

7°. *La Maison réglée, ou l'Art de diriger la maison d'un grand seigneur et autres*, etc., par

(1) La 3.e édition est de Paris, *in*-12, 1750.

(2) Pag. 41 et 45.

Audiger, in-8°., Paris, 1692. Il évalue à 1880 liv. 15 sols la dépense annuelle de la table d'un seigneur, ayant douze couverts et deux repas par jour. Cet ouvrage porte l'empreinte du caractère religieux, dont s'honoroient encore les grandes maisons. Parmi les fonctions de l'aumônier, on compte celle d'instruire les domestiques, de bénir les viandes, de faire les prières avant et après le repas, la prière du soir et matin, et *y viennent le seigneur et ses domestiques.* Audiger présente ensuite des règlemens pour les maisons des divers états, et dans les conseils qu'il donne aux domestiques, il n'oublie pas les apprentis, les garçons et les servantes d'auberge.

8°. En 1696, parut anonyme un écrit bien fait et plusieurs fois réimprimé, du père Binet, Jésuite, sous ce titre : *Quel est le meilleur gouvernement? le rigoureux ou le doux* (1). Ce petit traité est destiné pour les supérieurs de maisons religieuses, et pour les maîtres qui ont une grande famille à gouverner. Il est naturel de penser que la sévérité doit être tempérée par la douceur; mais l'auteur, accordant à celle-ci une préférence à peu près exclusive, s'empresse de citer, d'après Plutarque, l'apologue du soleil et de la bise, dont la dispute, sur les moyens les plus efficaces pour attirer les cœurs,

(1) *In*-12. Paris, 1696.

est terminée par une expérience sans réplique. La bise souffle avec rage, et les hommes s'enfuient en s'enveloppant de leurs manteaux. Le soleil darde ses rayons, et les hommes ouvrent leurs robes pour recevoir ses bénignes influences, etc.

9°. *Les Devoirs de la vie domestique par un père de famille*, (c'est Lordelot de Dijon, avocat (1).) Cet ouvrage, un peu déclamateur, contient un chapitre sur les devoirs respectifs de ceux qui commandent et de ceux qui obéissent. On trouve d'excellentes réflexions sur le même sujet dans les Œuvres du cardinal Gerdil (2), et dans le règlement donné par la duchesse de Liancourt à sa petite fille (la princesse de Marsillac), pour sa conduite et celle de sa maison (3). Elle lui dit, en parlant des domestiques : « Tous étant nés d'Adam, leurs ancêtres ont été aussi grands que les vôtres. »

10°. *Devoirs généraux des domestiques de l'un et l'autre sexe envers Dieu et leurs maîtres et maîtresses, par un domestique*, in-12, Paris, 1713. Après le détail des fonctions communes aux gens de maison, l'auteur traite de celles qui sont parti-

(1) *In*-12. Paris, 1706.

(2) Ses œuvres, édition de Rome, *in*-4.° 1806, t. 1, p. 299.

(3) *Règlement donné par une dame de haute qualité à madame sa petite-fille, etc., avec la vie de mad. de Liancourt*, par l'abbé Boileau, *in*-12. Paris, 1698.

culières à chaque sorte de domestiques, maîtres d'hôtel, valets de chambre, etc. Il voudroit des établissemens pour enseigner le service à ceux qui l'ignorent; il insiste spécialement sur la fidélité.

Du principe incontestable que le serviteur doit ménager le bien de son maître, comme le sien propre, il déduit les nombreuses conséquences qui frappent sur l'incurie des domestiques, sur ceux qui gaspillent pour leur propre compte le bien du maître, ou qui le prodiguent aux autres. Ce petit ouvrage assez bien fait, seroit encore meilleur, si l'auteur eût discuté la solidarité des domestiques et donné des règles de conduite, pour déterminer en quels cas elle oblige à restituer. La simplicité avec laquelle il est écrit, manifeste, disent les rédacteurs du *Journal des Savans*, ce que peut la piété seule, et prouve que tout instrument est bon dans la main de Dieu (1).

11°. *Instructions de morale, d'agriculture et d'économie, pour les habitans de la campagne*, par Froger, curé de Mayet, diocèse du Mans (2). Cet auteur, omis, comme tant d'autres, par la plupart des compilateurs de dictionnaires, étoit un de ces hommes vénérables qui, se dévouant au bonheur spirituel et temporel de leurs semblables,

(1) V. le *Journal des Savans*. 1713, *in*-4.° p. 95.

(2) *In*-[illegible] Paris, 1769.

en sont les pères par leur charité, et les modèles par leurs vertus. Au frontispice, il annonce que son ouvrage est destiné à servir de lecture dans les écoles villageoises, et par cette raison il y auroit quelques suppressions à faire, quelques lacunes à remplir.

Dans le chapitre de la Domesticité, il met en scène le père de famille agricole qui, présidant à la table de ses domestiques, développe leur intelligence, les instruit en les récréant, et s'en fait aimer. On peut encore jouir de ce spectacle dans des cantons qui, éloignés de la contagion des villes, ont conservé des mœurs patriarcales, et particulièrement en Suisse. C'est la patrie de Klyogg qui, sous le nom de *Socrate rustique*, est devenu le héros de l'ouvrage, publié en allemand par Hirzel, et traduit en français par le colonel Frey. Louer ce qu'il y a de bon dans un écrit, n'est pas en adopter toutes les vues et les idées. C'est la patrie de Fellenberg qui, à Holwil, sur un plan beaucoup plus vaste, a perfectionné les procédés agricoles, puis établi une école qui deviendra une pépinière de bons domestiques. C'est la patrie de Pestalozzi qui, occupé sans relâche à chercher les moyens de développer, de perfectionner l'intelligence des enfans, voit aujourd'hui ses efforts couronnés du succès.

12°. Pour ne rien omettre, citerai-je l'abbé Coyer qui, dans son ouvrage superficiel sur la *pré-*

dication, parle assez longuement sur les vices des domestiques? il s'indigne contre cette tourbe de valets qui, fuyant la milice pour l'oisiveté des antichambres, forment un flux et reflux perpétuel dans toutes les maisons, excepté celles qu'ils peuvent ruiner impunément; et voici le remède qu'il propose.

Un officier engage, pour la vie, ou pour un nombre d'années déterminées, un soldat que la discipline militaire fait rentrer dans son devoir, s'il s'en écarte, qui s'expose même à la mort pour un modique salaire; tandis que le domestique gagne par an une somme égale à la retraite d'un ancien officier. Coyer demande qu'on accorde au maître, sur son serviteur, une autorité pareille à celle du capitaine sur le soldat; que les engagemens soient à plus long terme, avec faculté au maître de le renvoyer; qu'il y ait un dépôt des domestiques sans condition, pour remplacer par intervalle ceux que l'on punit, et sur les gages desquels ils soient payés. L'auteur veut un magistrat spécial pour cette partie de l'ordre public, et pour chaque dix maisons un censeur. Par ces moyens, l'auteur espère donner des mœurs aux domestiques, ensuite aux chefs des familles. Il falloit proposer l'inverse et commencer par ceux-ci.

13°. En 1660, le père Le Blanc, Jésuite, avoit

publié le *bon Valet* et *la bonne Servante* (1). Le judicieux Fleury composa un *Traité des Devoirs des maîtres et des domestiques* (2), que n'a point effacé celui de Collet destiné seulement à l'instruction de ceux-ci (3). On y a même trouvé quelques phrases répréhensibles, et, pour servir d'antidote au livre de Collet, un anonyme ayant refondu *l'Instruction chrétienne des pauvres, des ouvriers et des domestiques*, y a ajouté une seconde partie. Beaucoup d'autres ouvrages ascétiques, à peu près dans le même genre, ont pour auteurs Girard de Villethierry, Gobinet et Lambert.

14°. Une dame, dont la vie entière a été consacrée à l'instruction de la jeunesse et des gens peu aisés, madame le Prince de Beaumont, a fait, entr'autres écrits, le *Magazin des pauvres, artisans, domestiques et gens de campagne* (4), auquel il ne manque, pour être très-utile, que d'être plus répandu. Même éloge est dû à la *Vertueuse Portu-*

---

(1) *In*-12, Pont-à-Mousson.

(2) *In*-12. Paris, 1688. Fleury dit que quatre choses sont dues au domestique : assistance, occupation, corrections et récompense.

(3) *Instructions et prières à l'usage des domestiques et des personnes qui travaillent en ville*, par Collet, *in*-12. Paris, 1758.

(4) 2 vol. *in*-12. Lyon, 1768.

gaise, par l'abbé Maydieu, chanoine de Troyes. Ce roman a été réimprimé en 1804 (1). Il serait agréable de joindre à ces écrits les *Vertus du peuple*, par M. Bérenger, si, dans une dernière édition en trois volumes, on n'avait, sous un langage mielleux, versé le fiel des controverses théologiques qui, depuis 1789, ont agité la France et déchiré les familles. Cet ouvrage et beaucoup d'autres (2), où règne toute l'animosité de l'esprit de parti, sont disséminés avec profusion, distribués en prix dans les catéchismes, les écoles, par des hommes dévorés du besoin de tourmenter les consciences, de perpétuer les troubles, et pour qui les mots paix, justice, charité sans doute sont vides de sens : catholiques zélés, il ne leur manque que d'être chrétiens. La dévotion haineuse s'allie très-bien à la religion niaise, qui l'une et l'autre calomnient la religion.

15°. *Modèle et Patrone des servantes et ouvrières de toutes personnes en service et des filles de maison*, ou *Vie de sainte Zite*, in-8°., Chambéry, 1811, avec approbation du grand-vicaire M. Bigex. Assu-

---

(1) *In*-8., Paris, 1804.

(2) Par exemple les *Anecdotes chrétiennes* (par l'abbé Reyre, qui vient de mourir), édit. de Lyon 1811; car il y en a une autre en 2 vol. Un prêtre nommé Drouot, les donnoit en prix à St.-Etienne-du-Mont, en 1805.

rément un esprit judicieux pouvoit rédiger une biographie meilleure de sainte Zite, d'après les matériaux abondans des Bollandistes, et y joindre, d'après Baillet, une Vie de sainte Marie, servante et martyre, dont la fête est fixée au 1er. novembre.

16°. « *Moyen de former un bon domestique*, « ouvrage où l'on traite de la manière de faire le « service intérieur d'une maison, avec les règles « de conduite à observer pour bien remplir ses de- « voirs envers ses maîtres, par M. N.... » in-12. Paris, 1812, 254 pages. Cet écrit récent peut être de quelque utilité; mais il laisse désirer quelque chose de meilleur; il porte visiblement le cachet de l'époque à laquelle il a été composé, et de l'influence que les circonstances exercent sur ce que l'on publie en France.

On auroit pu citer quelques autres traités sur le sujet dont il s'agit ; à cet égard la France est très-arriérée, comparativement à ce qu'ont fait l'Angleterre, la Hollande et l'Allemagne.

CHAPITRE IV.

Notice de quelques Ouvrages, les uns sérieux, les autres facétieux, qui ont pour objet de dévoiler la conduite des mauvais domestiques. — Quels peuvent être les inconvéniens ou l'utilité de ces ouvrages.

On assure qu'autrefois à Paris il y avoit deux écoles pour révéler aux domestiques, encore novices, toutes les combinaisons de la tromperie : ce genre de professorat, destiné à l'enseignement du crime, cesseroit d'être un crime lui même, s'il ouvroit des cours publics aux chefs des familles pour les prémunir. Cette idée rentre dans celle de Jérémie Bentham; il voudroit qu'on publiât une instruction dans laquelle on développeroit toutes les méthodes employées par les filous afin de se mettre en garde contre eux (1). Ne seroit-il pas utile d'y joindre l'*argot* des voleurs, en se rappelant toutefois qu'ils ont divers dialectes et que, suivant les occurrences, ils changent leur vocabulaire? Pour

(1) V. *Traité de législation*, par Jérémie Bentham, *in*-8°. 1802. t. III, ch. 20, p. 89 et suiv.

rédiger cette instruction, on trouverait des renseignemens dans plusieurs ouvrages anglais, indiqués par Bentham, tels que : « *Coup d'œil sur* « *l'Etat de la société et des mœurs parmi les classes* « *inférieures des montagnards d'Ecosse*, dont « l'auteur est un nommé Parker (1); *les Découvertes* « *et Révélations de* Poulter, *autrement* Baxter : « on en fit seize éditions en vingt-six ans; *Clavel's* « *recantation*, en vers, dont la seconde édition « est de 1628 : ce Clavel, homme de bonne fa- « mille, s'étoit fait voleur de grand chemin; il ob- « tint sa grâce, et son livre fut publié par ordre « de Charles I.er ». Plusieurs écrits français fourniroient aussi des matériaux.

Sauval, dans ses *Antiquités de Paris*, nous apprend que, dans le quartier du *Marais*, plusieurs endroits nommés *cour des Miracles*, étoient habités uniquement par des mendians valides, des filous, des femmes de mauvaise vie. Ces cloaques étoient les repaires du brigandage et de tous les vices (2). C'est probablement ce qui donna lieu de traduire et de composer divers traités, dont les principaux sont les suivans :

---

(1) *A View of society and manners in Highland-lowlife*, by Parker.

(2) V. *Antiquités de Paris*, par Sauval, *in-fol.* Paris, 1733, t. 1.er, p. 510 et 511.

« *La Vie généreuse des Mercelots, tous com-*
« *pagnons Bohémiens*, contenant leur manière « de vivre, subtilité, jargon, mis en lumière par « maître Pechon de Ruby, gentilhomme Breton, « ayant été avec eux en ses jeunes ans, où il a « exercé ce beau métier, in-12, Troyes, 1627. » Ce titre indique suffisamment l'objet de l'ouvrage : on y voit que l'expression *cour des miracles* étoit reçue pour désigner les lieux où se réunissoient les voleurs associés. Ils avoient une organisation complète, et tenoient leurs *états-généraux* près de Fontenay-le-Comte.

« *La fameuse Compagnie de la Lésine, ou* « *Alésine*, etc., traduction nouvelle de l'italien, « in-12 de 374 feuillets, Paris, 1618. » C'est un fatras où l'on trouve de *notables avertissemens* contre les malices, tromperies, larcins et voleries des manans et habitans des villages. Pour peindre des mœurs ignobles, fallait-il employer un style bas et rampant? La pureté des expressions doit s'allier à la pureté, à la délicatesse des sentimens. A quoi bon dévoiler la turpitude et les immondices des passions, si, à ce tableau, on n'oppose le contraste des idées grandes et généreuses qui, rappelant l'homme à la dignité de son être, apprennent à se respecter?

« *L'Antiquité des Larrons*, ouvrage non moins « curieux que délectable, composé en espagnol par

« D. Garcia, et traduit en français par le sieur « d'Audignier, in-12, Rouen, 1632. » Un filou détaille naïvement toutes les subtilités de ses camarades, dont les poches étoient remplies d'emplâtres et de fausses barbes pour se déguiser.

Une classe de voleurs prit le nom d'*Apôtres*, par allusion aux clefs de saint Pierre, attendu qu'ils portoient des rossignols pour crocheter les serrures.

Ils avoient un corps de statuts pour régler la forme et la durée du noviciat. Il y a un article sur les *œuvres pies* pour secourir les malades, doter les filles des affiliés, etc. Sous d'autres formes, c'est l'histoire des Flibustiers, par Johnson et par Frontigni, cachée sous le nom d'*Oexmelin*. On se rappelle que ces aventuriers avoient pillé des ornemens d'église pour se faire une chapelle.

L'Histoire générale des Larrons, *l'Inventaire général de l'Histoire des Larrons*, *la Suite de l'Inventaire*, etc., in-8°, Rouen, 1709, par Fr. D. C. Lyonnois. Ce recueil, en trois parties, rédigé dans de très-bonnes vues, contient une multitude d'anecdotes; elles ont fourni le canevas d'un article étendu sur le même sujet, dans la troisième édition publiée, il y a quelques années, d'un ouvrage intitulé : *Miroir de Paris* (1), et sans doute d'un autre

(1) *V.* La troisième édit. t. 2, p. 310.

intitulé *Ruses de Filous, de Voleurs*, qui étoit en 1811 à la quatrième édition, et dont on aurait une assez mauvaise opinion, si les journaux français de cette époque étoient une autorité (1).

On pourroit étendre le projet de Bentham à toutes les professions : on dévoileroit les moyens de tromperie qu'on y pratique, ce seroitl eur opposer une barrière de plus, et donner au public une sauve-garde contre les vexations auxquelles sont exposés les hommes trop confians.

Un curé d'Orléans, Jacques Boulai, a très-bien rempli cette tâche dans son livre intitulé : « *Manière de cultiver la Vigne, et de faire vendange* « *et le vin dans le vignoble d'Orléans* (2). Il y expose toutes les supercheries par lesquelles les vignerons à gages échappent à la surveillance des propriétaires, et s'assurent des profits illicites. Madame de Genlis, dans sa *Maison rustique* (3), donne quelque détails sur les tromperies des ouvriers en bâtimens, maçons, couvreurs, carreleurs, charpentiers, menuisiers, serruriers, etc. A cet

---

(1) *V. Les Ruses de Filoux, de Voleurs*, 4.e édit., 2 vol., *in*-12. Paris, chez Pillet, 1811. *V.* La *Gazette de France*, 17 décembre 1811.

(2) *In*-8.o Orléans, 1723. C'est la 3.e édit.

(3) *V. Maison rustique*, par mad. de Genlis, 3 vol. *in*-8o. Paris, 1810, t. 1, p. 53 et suiv.

article, on ne peut reprocher que beaucoup trop de brièveté.

L'homme qui voyage pour son instruction, la cherche partout où sa curiosité l'appelle, il s'aventure dans les déserts, dans les villages écartés, et dès-lors il risque de loger forcément dans de tristes gîtes; car les bonnes hôtelleries ne sont guères que sur les grandes routes. Une expérience pénible et dispendieuse lui a fait connoître les ruses dont se couvre l'improbité des mauvais aubergistes. Rien ne seroit plus facile que de rédiger à plume courante ce catalogue : il obtiendroit l'assentiment des personnes qui ont visité divers pays; mais revenons à l'objet de cet ouvrage, la domesticité.

Pour tracer le tableau des vices inhérens à cet état, on consulteroit avec fruit trois auteurs dont le rapprochement est assez bizarre, S. Jérôme, Olivier de Serres et mademoiselle de Sommery.

Dès le milieu du seizième siècle, avoit paru *le Caquet des bonnes chambrières, déclarant aucunes finesses dont elles usent* (1), et d'autres opuscules facétieux, quelquefois obscènes, dans les-

(1) *Caquet des Bonnes Chambrières, déclarant aucunes finesses dont elles usent envers leurs Maîtres et Maîtresses.* Imprimées par le commandement de leur secrétaire maître *Pierre Babillet*, avec la manière pour connoître de quel bois, etc., *in* 12. Gottingue, 1541. Ce recueil renferme beaucoup d'autres pièces dans le même genre.

quels on expose les turpitudes des domestiques à cette époque. On y voit que tous les temps ont quelque ressemblance; tel est l'ouvrage intitulé : *Les Amours, Intrigues et Cabales des domestiques des grandes maisons de ce temps*, etc., in-8° de 220 pages, Paris, 1633. L'auteur anonyme, qui paroît être du métier, met en scène et fait dialoguer la gouvernante d'enfans, la demoiselle, le maître-d'hôtel et l'écuyer. Celui-ci débute par des doléances sur la corruption des grandes maisons, où la livrée semble n'avoir d'autre objet que de *conduire les vices en triomphe.* Chacun à son tour révèle sur le compte des maîtres et des valets des anecdotes licencieuses. Ce livre, comme tant d'autres, n'est remarquable que par un ton cynique qui les fait rechercher des bibliomanes, et mépriser des hommes sensés. Les romanciers et les poètes dramatiques, surtout au 17e siècle, introduisoient dans leurs ouvrages des soubrettes et des valets toujours vauriens et menteurs : de là le proverbe *menteur comme un laquais.* Lichtenberg a dans ses *Mélanges* un mémoire où il examine l'emploi des domestiques au théâtre, sous le rapport des gestes et du langage. Ce savant, qui étoit observateur, eût travaillé plus utilement en recherchant les moyens de moraliser cette classe de la société.

Rien n'est plus original que le badinage de Swift dans son ouvrage *Conseil aux domestiques.*

Après un chapitre d'instructions générales (1), il en donne de particulières pour les portiers, sommeliers, cochers, laquais, femmes de chambre, cuisiniers, et diverses autres sortes de gens à gages.

Sous l'apparence ironique de conseils, il met au grand jour leurs défauts et leurs vices, parce qu'il est persuadé que sans nuire à ceux-ci, puisqu'il ne leur apprend que ce qu'ils savent, il peut servir aux maîtres qui n'en savent jamais assez sur cet article.

On y trouve la manière si connue de Swift, et ce que les Anglais appellent *humour*, terme qui n'a pas d'équivalent dans notre langue; mais ne pouvait-il pas descendre à des détails minutieux et abjects sans blesser les convenances que doit respecter tout écrivain, et à plus forte raison un *clergyman?*

Dans l'article qui concerne les femmes de chambre, il raconte qu'une, ayant cassé de belles porcelaines du Japon, imagina d'aller chercher une grosse pierre, de briser un carreau de la fenêtre et de supposer que la pierre, lancée du dehors, avoit causé ce dégât. Malheureusement arriva le *parson* ou ministre de la paroisse, homme versé dans les mathématiques; il prouva que la projection de la

---

(1) V. *The Works of Dr. Jonatham Swift*, in-8.° London, 1784, t. 10.

pierre n'auroit jamais pu décrire la courbe nécessaire pour atteindre la porcelaine dans le lieu où elle étoit placée, et la menteuse fut congédiée.

Williamson dans son *Vade mecum aux Grandes-Indes*, publié en 1810, emploie plusieurs pages à détailler les tromperies des domestiques. (1) L'année précédente, un anonyme avoit fait paroître à Dublin, dans le genre de Swift, un pamphlet, destiné à démasquer celle des cochers. (2) Ces deux écrits ne me sont connus que par un compte rendu dans des journaux, au dire desquels le second est souillé de détails obscènes, sans avoir l'ironie fine du doyen de Saint-Patrice.

Pour atteindre au même but que Swift, le docteur Whiterspoon a suivi une autre marche, dans un roman ingénieux sous ce titre : *Histoire d'une corporation de domestiques découverte, il y a quelques années, dans l'intérieur de l'Amérique Méridionale* (3).

---

(1) V. *The East India, Vade Mecum*, by Williamson, 2 vol. 1810. *V.* Le *Monthly repertory*, mai 1810, p. 177.

(2) V. *Advice and direction to hackney coachmen, etc.*, *in*-12, de 53 pages. Dublin, 1805. — Dans *The Belfast monthly magazine*, de juin 1809, p. 459.

(3) *The History of a corporation of Servants discovered a few years ago in the interior parts of south America.* — Dans *The Works of the rev. John. Whiterspoon*, *in*-8.° Philadelphia, 1802, t. 3.

Le chef d'un état de cette partie du monde ayant échappé à une conspiration par la fidélité d'un serviteur, prend la résolution non seulement de le récompenser, mais encore d'améliorer le sort de tous les individus de la même classe : en conséquence, il publie un édit qui en forme une corporation nombreuse, subdivisée en sections, pour chacune desquelles il établit des écoles où l'on enseigne les diverses espèces de services. Il hausse les gages de tous à un taux dont il fixe le *minimum*, et qui lui paraît un moyen infaillible d'accroître leur zèle au profit des maîtres. Cette espérance fut d'abord couronnée par le succès, mais la ferveur qui accompagne toutes les institutions à leur naissance, ne tarda pas à s'amortir. Les serviteurs beaucoup mieux traités, et nageant pour ainsi dire dans l'abondance, négligèrent leurs devoirs ; un vice en amène d'autres : la paresse, se couvrant du manteau de l'hypocrisie, appela à son secours le mensonge. Les salaires augmentés ayant multiplié les besoins factices, ils réclamèrent une augmentation nouvelle. Quand sur cet article une famille cédoit à l'importunité des demandes, ils proclamoient ce trait de condescendance comme un acte de justice exigible. Ils prétendoient que c'étoit un usage immémorial, à la vérité interrompu pendant quelque temps, mais qu'on devoit faire revivre. A force de le répéter, et simulant d'y croire, quelquefois ils parvenoient à le faire croire, et quand ces assertions tour à tour appuyées de flatteries ou de menaces n'opéroient pas l'effet desiré, ils savoient s'en dédommager clandestinement.

Les voilà donc en guerre avec leurs maîtres, bientôt ils le seront entre eux. Dans une assemblée de la communauté, l'un, qui par son talent ou son audace avoit acquis de l'ascendant, les pérore sur les moyens de consolider leur établissement. L'édifice le plus durable est, dit-il, celui qui, sur une large base, s'élevant graduellement se termine en pyramide. C'est l'emblème de toute société bien organisée. La corporation des domestiques est la pyramide au sommet de laquelle il faut placer un *overseer*, un inspecteur, ou sous quelqu'autre dénomination un chef, élu par la société, pour en surveiller les intérêts. Quant à lui personnellement, il n'y prétend rien. Mais l'attachement à ses confrères lui a suggéré ce projet. A l'instant, il est appuyé par une foule d'orateurs qui, en professant la même abnégation d'intérêt personnel, espèrent gravir vers le haut de la pyramide, si toutefois ils ne peuvent se placer au sommet. Le plan est adopté et les suffrages se réunissent sur l'auteur de la motion qui, feignant de redouter le poids d'une charge éminente, accepte avec un air de modestie, s'épuise en remerciemens, en promesses; et, attendu que seul il ne pourra suffire à tous les travaux de l'administration, il organise une espèce d'hiérarchie dont tous les grades deviennent le prix des services que lui ont rendu ses affidés et des services ultérieurs qu'il en espère. Son gouvernement, d'abord très-doux, s'altère insensiblement au point d'être intolérable. L'un des opprimés, secondé par quelques camarades, entreprend de secouer le joug; on le traite de séditieux d'autant plus coupable que voyant les maîtres conspirer contre les domestiques, il ose engager ceux-ci à conspirer contre leurs camarades. Cependant le corps des insurgés se grossit à tel point qu'une guerre intestine s'étant allumée entre les deux partis, le résultat fut le même que celui des États-Unis d'Amérique dans leur guerre avec l'Angleterre. L'harmonie étant rétablie, le parti des scissionnaires rentré dans ses droits résolut de prendre des mesures, pour se garantir d'usurpation nouvelle.

On leur insinua qu'il seroit bon d'avoir des *helpers*, c'est-à-dire, des assistans ou protecteurs qui, unissant la prudence à la bonté, s'occuperoient de leurs placemens et dispenseroient les maîtres et les serviteurs des recherches que nécessite leur position respective. Cette idée parut merveilleuse, elle obtint l'approbation générale; mais bientôt les *helpers* prétendirent qu'aucun maître ne pouvoit prendre un domestique que de leurs mains, et que personne ne pourroit entrer au service sans leur aveu:

en s'arrogeant ce droit exclusif, ils se procurèrent dans toutes les familles des intelligences, auxquelles sans doute ils trouvoient leur compte. Ils devinrent alors des êtres importans que tout le monde courtisoit, parce qu'on avoit intérêt de les ménager. Ils régorgeoient de présens, envoyés par l'espérance, ou la reconnoissance. Autour d'eux s'agitoit l'intrigue des domestiques qui convoitoient les maisons opulentes; et, suivant un usage qui est de tous les pays, ils s'occupoient plus d'obtenir des places que de les mériter. Aussi furent-elles distribuées sans discernement. Un maître demandoit un cocher, on lui envoyoit un chasseur. Tel autre vouloit un cuisinier, il recevoit un jardinier. Un négociant désiroit un teneur de livres, on lui donnoit un homme qui ne savoit pas lire.

Le désordre fut bientôt à son comble, et pour y remédier, on imagina de soumettre les serviteurs à un examen préalable. Cette mesure eût produit un bon effet, si elle avoit été bien appliquée, mais bientôt elle ne fut plus qu'une formalité illusoire, comme dans certains pays les procès-verbaux d'information de vie et de mœurs.

Un jour, devant le tribunal, comparoît un jeune homme qui demande à servir chez un fermier. L'un des examinateurs lui demande : Que doit-on faire pour défricher une lande et la rendre productive?

Réponse. Il faut y promener une brouette. L'interrogateur l'auroit apostrophé durement, si l'un de ses collègues, qui s'intéressoit au postulant, n'eût observé au tribunal qu'une timidité extrême l'avoit déconcerté à l'aspect de ses juges. Je vais, dit-il, moi-même le questionner.

Jeune homme, vous sentez que le roulement d'une brouette sur une lande ne peut pas y faire croître du froment; il faut que la charrue ait sillonné la terre, et qu'on l'ait ensemencée : cela est-il vrai? *Yes, sir*. Oui, monsieur. — Vous voyez, messieurs, qu'il a très-bien répondu. Je lui adresse une question nouvelle. Pour préparer la terre et l'ameublir, à quelle profondeur doit-on enfoncer le soc de la charrue? Le postulant, persuadé que plus le sillon est profond, meilleur il est, répond : A six toises. — Six toises! s'écrie-t-on avec indignation; qui a jamais pu dire une telle absurdité? Le postulant s'excuse en disant : Je travaille chez un tabletier, et je n'ai jamais vu de charrue. Son protecteur se hâte de prendre la parole. Vous voyez, messieurs, que, de sa part, il n'y a qu'ignorance, mais pas de mauvaise volonté, car il a grand désir de s'instruire. Malgré l'évidence des faits, la jurisprudence de ce tribunal admettait comme certain tout ce qui n'était contredit par personne: le jeune homme avait d'excellens certificats, et surtout de puissans protecteurs, il obtint un brevet d'aptitude à tous les genres de service.

L'expérience prouve que les pires domestiques sont ceux qui se vantent le plus. Mais la corruption avoit établi l'inverse en principe : elle ne vouloit pas qu'un de ses membres s'avouât jamais coupable d'une erreur ou d'une faute, par la raison que personne ne peut dire du bien d'un homme qui dit du mal de lui-même.

L'intitulé d'un chapitre, est : *De la Haine des mauvais domestiques contre les bons.* Ceux-ci, en très-petit nombre, calculoient moins la durée de l'ouvrage, que son importance et le besoin des maîtres. Si cependant il arrivoit que l'un d'eux restât dans les champs après l'heure ordinaire du travail, il était assailli de pierres, et couroit risque de joindre à la fatigue le malheur d'avoir un bras cassé. Un des bons domestiques, qui avoit quelque talent comme dessinateur, crut devoir livrer à la risée publique les plus connus pour être de détestables sujets, par des caricatures où des attitudes comiques, dévoiloient leur fainéantise et leur mauvaise foi. Il eut peine à se dérober à leur vengeance; et, dans ses litanies, il avoit ajouté ces mots : « De la « fureur des méchans serviteurs, délivrez-moi, « Seigneur ! »

Un jour, à une séance du club des domestiques, l'un d'eux, qui avoit conservé quelque attachement à ses devoirs, annonça à ses camarades que, dans tout le canton, les propriétés sans défense étoient livrées au dégât, parce que toutes les haies ayant été forcées, les bestiaux étrangers se mêloient à ceux du propriétaire, et même, en venant à l'assemblée, il avoit chassé un bœuf qui s'étoit introduit dans le parc de son maître. En conséquence, il demandoit qu'on s'occupât sans délai du rétablissement des clôtures. Un autre membre prend la parole ; et après avoir loué les intentions du préopinant, il croit que l'exécution ne répondroit pas à son désir, attendu que les bêtes de somme ayant le caractère très-opiniâtre, s'irritent contre les obstacles qui s'opposent à leur entrée dans les pâturages; les haies, à peine réparées, seroient détruites de nouveau.

Un second orateur s'élance à la tribune, et prétend, que vouloir exclure des parcs les bestiaux étrangers à la ferme, c'est mal-à-propos se mêler des affaires d'autrui, sur lesquelles on n'a pas d'inspection. Un troisième assure incidemment que le fait particulier énoncé par l'auteur, peut être révoqué en doute, car il n'est pas sûr si l'animal trouvé en délit étoit un bœuf ou une vache. Un quatriéme prétend que la motion est prématurée ;

elle se rattache à des questions majeures qui doivent être mûrement examinées, et il demande l'ajournement, qui est adopté.

Cet épisode est un de ceux qui, selon Whiterspoon, prouvent que les domestiques ont toujours deux buts; celui de diminuer leur besogne, et celui d'accroître leurs salaires. Pour atteindre ce dernier, ils employoient tous les moyens, hors le seul, qui pouvoit légitimement y conduire, une plus grande assiduité à leur devoir.

L'accumulation des abus s'éleva au point que les maîtres tentèrent d'y remédier. Le moyen proposé par l'un d'eux, étoit de se servir eux-mêmes. Il présenta à ce sujet un plan d'après lequel, sans domestique, chacun seroit sage comme un philosophe, riche comme un négociant des Grandes-Indes, et magnifique comme un roi.

Quoique cet ouvrage, divisé en douze chapitres, soit terminé par ce que l'auteur appelle *conclusion*, je ne saisis pas le dénouement, et je présume que là, comme chez nous, les maîtres désolés se résignèrent à être souvent les *esclaves* de leurs domestiques.

Un travail analogue à celui de Swift sur les mœurs des domestiques en France, a été rédigé par une dame qui toujours sut trouver son plaisir dans l'accomplissement de ses devoirs et la surveillance de son ménage; c'est le résultat de ce que lui ont appris quarante ans d'expérience. Ces détails, nécessairement triviaux, quoique relevés par le style, provoqueroient le dédain et les ricanemens des femmes à la mode, mais ils ne seroient pas sans intérêt pour les mères de famille dignes de ce titre respectable.

On pourroit l'imprimer avec une traduction de celui de Swift. Des amis qui ne partagent pas l'opinion de Bentham et la mienne, croient qu'il y auroit plus de danger que d'utilité à cette publication, parce que l'ironie amère dans le genre du Rabelais anglais n'étant pas sentie par des hommes sans éducation, plusieurs d'entr'eux prendroient peut-être au pied de la lettre, comme conseil, ce qui n'est qu'une censure, et qu'il instruiroit plus les domestiques inclinés au mal, qu'il n'éclaireroit les maîtres sur les moyens assez difficiles de prévenir ou de réprimer les délits. Ne pourroit-on pas répondre que les écrits, bornés uniquement à révéler les ruses et les tromperies des domestiques, ne leur apprendront rien? car on n'apprend pas ce qu'on sait et ce qu'on fait; mais de tels ouvrages, qui seroient certainement moins lus des domestiques que des maîtres, réveilleroient le zèle de ceux-ci sur les dangers qu'ils ont à courir; ce que l'on propose n'est que l'application d'un principe généralement admis : car, dans la multitude de traités relatifs aux produits naturels ou manufacturés, vins, fers, étoffes, etc., n'indique-t-on pas les caractères distinctifs de leur bonté, et les signes auxquels on reconnoît qu'ils sont altérés ou avariés. Quand l'alternative d'adoption ou de rejection d'un projet offre des inconvéniens, la réflexion les compare, la sagesse les pèse et voit de quel côté incline le plateau de la balance. Il me semble que, dans le cas dont il s'agit, il est en faveur de la publication. Néanmoins, me défiant d'une opinion que je vois combattue par des hommes dont je respecte les lumières, j'acquitte le devoir de l'impartialité et de la franchise, en insérant ici la lettre qu'on va lire. C'est invoquer le jugement sans appel du public éclairé.

« Je suis, mon cher et bon collègue, entièrement de l'avis des gens qui croient dangereux de publier les ouvrages dont vous parlez.

« Il n'est point exact de dire que ces livres ironiques, mais instructifs, n'apprendroient rien aux domestiques corrompus; ils ajouteroient peu à la perversité de ceux qui sont déjà très-corrompus, mais beaucoup à leur habileté, et ils corromproient ceux qui ne sont encore qu'avides, foibles et flottans.

« Ils n'apprendroient point aux maîtres à se defendre, 1°. parce que très-peu de maîtres les liroient;

« 2°. Parce que, dans ces sortes de guerres, l'avantage est toujours pour l'attaque, et que la defense ne s'avise jamais de tout;

« 3°. Parce qu'il est mal et mauvais en soi de constater qu'il y a guerre. Les maîtres en seroient plus défians, plus durs, plus craintifs, partant plus malheureux; et la guerre s'envenimeroit des deux parts.

« Au lieu de l'état de famille, auquel il faut ramener les idées pour l'intérêt commun des maîtres et des serviteurs, l'état des deux classes opposées seroit le seul senti. Alors la classe la plus nombreuse, la plus pauvre, la moins vulnérable finiroit par dépouiller l'autre; les valets deviendroient les maîtres et seroient encore plus mauvais maîtres que les anciens, parce qu'ils ont encore moins de bonne éducation.

« C'est ce qui est arrivé à Saint-Domingue, où les Blancs ont été horribles, et les Noirs conquérans atroces. Ainsi il est très-bon de parler de sainte Zite, de sainte Marie, servante, de Cochois, du bon Henri, de tous les ouvrages de ce genre; mais il faut, ou passer le livre de Swift et les autres sous silence, ou seulement dire que quelques auteurs ont cru s'opposer au mal, en peignant ses bassesses, ses adresses et ses noirceurs; mais qu'on s'abstiendra de fouiller dans ces annales impures du vice et du crime, qui ne feroient que redoubler les sentimens de haine et de mépris entre deux classes d'hommes, obligées de vivre ensemble, nécessaires l'une à l'autre, que la raison et l'humanité veulent qu'on rapproche par l'aspect de leur utilité réciproque et du bonheur mutuel qu'elles peuvent se procurer.

« Voilà pour le philosophe, homme d'état, pénétré de l'amour du genre humain et de la morale de Jésus-Christ. »

Terminons ce chapitre par une observation qui se présente sous la plume.

Quand Justinien publia une loi contre les *Jardiniers de Constantinople* (1), 1° il ne crut pas déroger à sa dignité en faisant le tableau de leurs fourberies ; 2°. il ne fut pas arrêté par la crainte de les révéler aux jardiniers des autres villes de son empire. Si vous dites que toutes les lois répressives sont dans le même cas, vu la nécessité de spécifier les délits soumis à la vindicte publique, cette réponse fournit un argument en faveur de mon opinion : car, pour les délits sur lesquels le Code pénal a statué, on a du moins une garantie dans la loi, dont on peut réclamer l'action ; mais il est une multitude de circonstances où le silence de la loi

(1) *V.* La *Novelle*, 64.

ne laisse, contre la mauvaise foi et la rapine, d'autre ressource aux chefs de famille qu'une surveillance éclairée qui prévient les délits, et une prudente fermeté qui les réprime. Pour les prévenir, ou les réprimer, il faut les connoître; et la conclusion qui dérive de là, c'est qu'il est utile peut-être de les leur faire connoître.

CHAPITRE V.

Combien il importe au bonheur individuel et à l'état social que la classe des Domestiques ait de bonnes mœurs. —Tableau de la dépravation de la domesticité.

ON a vu (chapitre second) que le nombre présumé de personnes vouées en France, à ce qu'on appelle spécialement *service domestique*, s'élève à un million. Si on les considère dans leurs relations à l'ordre public, et au bonheur des familles, qui pourroit ne pas attacher la plus haute importance à ce que cette classe considérable de la nation ait des mœurs honnêtes?

La vie et la fortune des citoyens sont, pour ainsi dire, à la discrétion de ceux qui les servent. On lit dans Cedrenus, qu'une loi de l'empereur Claude ayant permis aux esclaves d'accuser leurs maîtres, beaucoup de ceux-ci périrent par la trahison, et les calomnies de leurs esclaves (1).

Du temps de l'empereur Antonin, des domes-

(1) V. *Cedrenus, in-fol.* Paris, 1647, t. 1, p. 197.

tiques idolâtres calomnioient leurs maîtres chrétiens et les faisoient conduire au supplice. Korthold en a rassemblé les preuves dans son traité curieux sur les persécuteurs de la primitive église (1). La trahison d'un domestique introduisit chez Abailard les émissaires envoyés par Fulbert. Quoique Galeas-Marie Sforce, duc de Milan, fût un monstre de férocité et de débauche, peut-on ne pas frémir en lisant qu'il fut égorgé l'an 1476, dans une église, par trois assassins, à la tête desquels étoit son domestique? Turrial, évêque de Marseille, fut empoisonné par le sien. A la fin du siècle dernier, après avoir combattu pour la liberté de sa patrie, le général Décimone fut traîné au supplice par la trahison de son valet de chambre. N'a-t-on pas vu des voleurs, chefs de bandes, se faire valets ou portiers, ce qui leur offroit le double avantage de se soustraire aux soupçons et de leur faciliter l'accès des lieux?

L'opinion considère en général comme une lâcheté ou comme une cruauté la dénonciation. On a pour elle une aversion qui n'est pas sans fondement, parce qu'on espère que l'indulgence inspirera la reconnoissance, et que les exhortations paternelles ramèneront au bien le délinquant. D'ail-

(1) Kortholt, *De Persecutoribus ecclesiæ primævæ*, in-4. Kilonii, 1689, p. 191 et suiv.

leurs, si comme chez les Romains du temps de l'Empire, la dénonciation étoit en honneur, des domestiques coupables préviendroient par des impostures, ce qu'ils croiroient avoir à craindre de la véracité de leurs maîtres. Ici, comme partout, l'abus est à côté de la chose, mais la question doit être envisagée dans ses rapports à l'ordre social.

Vous faites parade d'humanité en ne livrant pas à la justice ce misérable, dont le vol peut être légalement prouvé. Par votre tolérance, d'autres sont devenus ses victimes, et, dès lors, n'êtes-vous pas son complice ? Est-on bon citoyen, lorsqu'on préfère l'intérêt d'un fripon à celui des hommes probes, à celui de la société ? En réfléchissant sur cet abus, dont il y a des exemples multipliés, n'arrive-t-on pas à la règle de morale sur laquelle doit être jugé votre silence ? ne dit-elle pas que la dénonciation de crimes attentatoires à la sûreté publique et aux mœurs est un devoir; que ne pas livrer aux tribunaux un criminel, c'est se constituer responsable des forfaits nouveaux qu'il ajoutera au premier ?

La calomnie est toujours condamnable : ce principe n'admet pas d'exception. Il n'en est pas de même de la médisance, d'après l'aveu de tous les moralistes, qui établissent l'obligation en plusieurs cas de révéler les vices et les crimes, au risque de flétrir la réputation d'un coupable. S'ils restreignent ce devoir, c'est surtout quand il s'agit de dévoiler les puissans du siècle, ecclésiastiques et laïcs, à qui l'éminence de leurs fonctions rend plus nécessaire la confiance générale. On cite Cham maudit, pour avoir révélé la turpitude de son père : cependant cette comparaison est quelquefois appliquée d'une manière abusive. Sans doute on doit ensevelir dans le secret et couvrir d'un voile charitable des actes, dont la manifestation n'importe aucunement à l'utilité publique ou individuelle ; mais les hommes constitués en dignité, organes et interprètes de la morale et des lois, oublient souvent qu'ils sont agens comptables de la société religieuse et civile, qu'ils sont juges et partie lorsque prescrivant sans réserve un silence qui les intéresse personnellement, ils cherchent à secouer le frein que leur imposeroit la voix du peuple. On lui fausse la conscience en présentant comme action vicieuse l'inspection sur ses mandataires : elle n'est que l'exercice légitime de ses droits.

Si la dénonciation est quelquefois obligatoire, peut-on dire la même chose de l'espionnage, dont l'origine suivit de près sans doute celle de la dépravation de l'espèce humaine? Les recherches de Golling, de Mollerus (1) et d'autres auteurs, sur cet

---

(1) V. *Dissertatio inauguralis de speculatoribus veterum Ro-*

objet, seroient susceptibles d'un ample supplément. Dans l'antiquité, l'espionnage étoit déjà un des ressorts du pouvoir politique : toutefois, en le soudoyant, il ne donna jamais un caractère légal à une fonction qui, par sa nature même, se soustrait à la publicité et dont on rougit, parce qu'en tout temps, en tout pays, l'opinion générale le frappe d'ignominie. Cependant si l'espionnage peut être innocent, pourquoi le flétrir? et si jamais il ne peut être justifié, pourquoi ne pas le proscrire? Sous le point de vue moral, auquel il faut tout ramener, cette question mérite d'être approfondie; j'invite ceux qui s'en occuperoient à lire, dans les *Mémoires* de Grosley, publiés par Maydieu, l'histoire extrêmement curieuse d'un individu qui, après avoir long-temps vécu à Paris dans la bonne société, sans que jamais on soupçonnât le rôle clandestin qu'il y jouoit et sans jamais avoir blessé la vérité dans ses rapports, eut cependant, au lit de la mort, des remords si cuisans qu'avant de recevoir les sacremens, il fit convoquer les passans dans la rue, pour révéler au public son état

---

manorum, etc., sub præsidio D. C. G Schwarzii proposita, auctore J. W. Gollingio, etc, *in*-4.° Altorfii, 1726.

Dissertatio inauguralis de speculatoribus, etc, par J.H. Mollerus, *in*-4.° Trajecti ad Rhenum, 1771.

anonyme et, par cet aveu tardif, obtenir du ciel son pardon.

L'espionnage, selon la remarque de M. Baert, prévient quelques délits, mais il répugne à tout gouvernement libre et entraîne des dangers de corruption, quoique la délation, qui les fait punir et qui ne les prévient pas, ait aussi ses inconvéniens. En France, beaucoup de crimes, dit-il, sont prévenus par l'espionnage, mais il y échappe quelques criminels. En Angleterre, où les voleurs sont souvent déguisés en ecclésiastiques, où les cochers de fiacre, pour la plupart, sont les complices des voleurs, aucun crime n'est prévenu, mais, par la délation, la peine les atteint presque tous (1).

Les gouvernemens seroient dispensés d'employer l'espionnage, s'ils appeloient à leur secours les moyens que fournissent la religion et une éducation soignée. Reproduire ces notions si vraies, si connues, si négligées, c'est prêcher dans le désert, au milieu de cette Europe décrépite et putréfiée, c'est même irriter le despotisme. Cependant l'ordre de choses qui en seroit le fruit, vaudroit bien celui où, sous une forme quelconque, il existe une inquisition ecclésiastique ou civile. Telle est celle

(1) V. Baert *Tableau de la Grande-Bretagne*, in-8.° Paris, n.° 2. t. 4, p. 218, 334, 362.

qui, à l'occasion des disputes sur la bulle *Unigenitus*, fut établie en France par le fameux Hérault, lieutenant de police. Il séduisoit les domestiques, pour leur faire dénoncer leurs maîtres. Il inonda Paris et les provinces d'*Argus*, qui, dans leurs irruptions diurnes et nocturnes, épouvantoient les familles.

Le zèle religieux étoit le prétexte, et la haine étoit le motif de ces vexations, qui, dans le cours d'un demi-siècle, furent appuyées de cinquante ou soixante mille lettres de cachet. On en distribuoit aux évêques des paquets signés en blanc, pour les lancer contre les amis de Port-Royal. Tout ecclésiastique, austère dans ses mœurs, étoit par là même suspect de jansénisme. Hérault n'étoit que le pouvoir exécutif d'une société alternativement célèbre et fameuse, dont on ne peut parler sans mêler le blâme à l'éloge, et qui avoit un talent rare pour dérober les secrets des familles et des cours. On se rappelle que le duc de Choiseul, ambassadeur à Rome, ayant reçu la visite de *l'état-major* des Jésuites, l'accueil gracieux qu'il leur fit les surprit d'autant plus que déjà ils étoient instruits qu'à Paris, il s'étoit expliqué d'un manière défavorable sur leur compte, en parlant confidentiellement à un ami qui étoit seul : mais un valet de chambre, traversant l'appartement, avoit recueilli le propos.

Le marquis de Santa-Crux, dans ses *Réflexions Militaires et Politiques*, (1) trouve que les domestiques peuvent être d'excellens espions, et il indique ce qu'il faut faire à ce sujet.

Dans certains pays, des individus de tout rang, de tout sexe, sous tous les costumes, s'avilissent à faire le métier de *mouchards*. Non seulement parmi les domestiques, mais encore parmi ceux qui fréquentent les maisons, portefaix, frotteurs, facteurs, portiers, perruquiers, porteurs d'eau, il en est qui exercent simultanément l'espionage, ce qui n'inquiéteroit pas les âmes honnêtes, si le discernement et la vérité dirigeoient leurs rapports, et s'ils ne portaient que sur des délits reconnus comme tels aux yeux de la morale ; mais tout gouvernement, qui soudoie des êtres de ce genre, doit craindre qu'ils ne le rendent l'instrument des vengeances personnelles et ne le conduisent, contre son vœu, à punir autre chose que des crimes. Ainsi les plaisirs de famille, et tous les agrémens de la vie, sont empoisonnés, si l'on est tourmenté de la crainte d'être assiégé jusque dans ses foyers par des hommes qui sont ennemis, soit comme agens de police, soit comme domestiques dépravés.

Domestiques dépravés....... Sur cet article, la

(1) Traduites de l'espagnol, par M. de Verge, *in*-12, 12 vol. La Haye, 1740, t. 2, p. 291, etc.

plainte est à tel point que souvent on n'ose s'entremettre pour procurer, même à des amis, des gens de service, dans la crainte d'être trompés par ceux-ci et de tromper les autres. En lisant la *Topographie de Nismes*, par M. Vincent, on voit que, dans le Midi de la France (1) les dolcances sont les mêmes qu'à Paris. Peraldus et Mafée Veggio ont tracé des tableaux hideux, mais trop vrais, des malheurs causés par la dépravation des domestiques, à l'égard des enfans de famille (2). Ces malheurs sont accrus depuis que tant de femmes beaucoup trop livrées à la dissipation, et devenues en uelque sorte étrangères à leurs ménages, ont méco nu les devoirs de la maternité ; les domestiques, placés entre les parens et les enfans, s'empressent d'étudier, de saisir le foible des uns et des autres, et de seconder des inclinations vicieuses : qui pourroit compter le nombre de ménages troublés, diffamés par eux ?

Etes-vous malade, loin que l'humanité parle à leurs cœurs, ils jouissent de vos souffrances, parce que l'occasion est favorable, soit pour se dérober à

(1) V. *Topographie de la ville de Nîmes*, par Vincens, etc., *in-4.°* Nîmes, 1802, p. 519 et suiv.

(2) *V.* Dans la *Bibliothèque des Pères*, t. 25. — Traité *De Eruditione religiosorum*, attribué mal-à-propos à Humbert de Romanis, l. 2, c. 98, p. 505 et t. 26. Et le Traité *De Educatione liberorum*, par Mafée Veggio, l. 5, c. 11, p. 663.

toute inspection, soit pour faire hausser leurs gages par la menace de vous quitter sur-le-champ. Obligé de pactiser avec la cruauté, le maître accède à leurs demandes, souvent en se promettant bien de ne les garder que jusqu'à ce qu'il en ait trouvé à meilleur compte d'autres qui peut-être ne vaudront pas mieux. Cette tactique est absolument la même dans toutes les circonstances où par leur sortie le maître pris au dépourvu seroit dans l'embarras; car ils ont singulièrement à cœur de se rendre personnellement nécessaires. Cependant si le maître a le courage de secouer sans capitulation le joug qu'ils veulent lui imposer, et, pour me servir de leurs expressions, s'il partage en deux la maison dont il garde le dedans en leur donnant le dehors, il n'est sortes d'impostures qu'ils n'inventent, qu'ils ne débitent, par le double motif de faire diversion sur leurs torts réels et de se venger en détournant de son service ceux qui voudroient y entrer. Il faut être *bon camarade*, ces mots, dont la répétition fatigue les oreilles, auraient une acception très-juste, très-morale, s'il emportait l'idée d'union vertueuse, d'aide, de support mutuel; mais analysée par l'expérience, cette expression dans leur bouche doit se traduire ainsi : « Quels que soient les torts « de vos camarades envers le maître, calomnies, « trahison, vols, etc., soyez leur complice en les « partageant, ou du moins en les taisant. »

Un heureux hasard vous a-t-il procuré un domestique qui a mérité et obtenu votre confiance? Il va, dit-on, gâter le métier, sa conduite seroit pour les autres une censure et un moyen de comparaison fâcheuse. A l'instant, tous se liguent pour le corrompre ou le faire déguerpir, en le dénigrant près des maîtres, en dénigrant les maîtres près de lui. Coalisés entre eux, ils le sont pareillement avec tous les fauteurs intéressés de leur perversité, cabaretiers, ouvriers employés dans votre maison, marchands qui, afin de s'assurer votre pratique, font sur les emplètes des remises à vos dépens. Une coutume établie veut que sur certains marchés, par exemple de jardin, maison, chevaux, voiture, on donne une gratification à ceux des domestiques chargés spécialement d'approprier les objets. Actuellement ils s'efforcent, 1° de convertir en dette exigible ce qui ne doit être que gratification et ce qui est toujours suspect de corruption; 2° de l'étendre à tous les achats et ventes, en prenant pour base de la taxe arbitraire qu'ils veulent extorquer, la somme à laquelle s'élève l'objet vendu. On pourroit à cette occasion citer les avanies faites récemment à un orfévre de Paris qui avoit fourni à une maison pour dix mille francs d'argenterie.

L'habitude de frauder en exagérant le prix des emplètes est telle que des domestiques n'en rougissent plus, qu'ils n'en font point mystère. Ce mot *coquin* dérive, selon tous nos étymologistes, de *coquus, coqua*. Avec une sorte de naïveté, qui n'est que l'habitude du crime, on entend cuisiniers et cuisinières dire : « Mes gages sont faibles, « mais je vais au marché, c'est moi qui achète. » Tel domestique que j'ai connu avoit propagé la maxime suivante : *Quand nous achetons, les quatre pour cent à notre profit sont de droit ;* et, non content du vol des quatre pour cent qu'il recommandoit à ses camarades, il s'étoit réservé d'en hausser la quotité jusqu'à cent pour cent, il ricanoit en appelant cela un *emprunt forcé*. Vous croyez avoir un cuisinier à vos gages, détrompez-vous, c'est un entrepreneur de la fourniture de bouche que vous logez, que vous payez chèrement ; quelquefois même ses profits sont exorbitans, à tel point qu'il en distrait une modique portion pour faire préparer les mets chez des restaurateurs en titre : ce manége sert sa paresse. Comme la plupart des domestiques, il se hâte de grossir ses épargnes pour s'établir, acheter une patente, élever un commerce.

Ainsi la société éprouve une sorte de dislocation morale. Au lieu de s'attacher à des maîtres chez lesquels ils pourroient vivre long-temps, et peut-être toujours, ils préfèrent, dit l'évêque Newton, de se liguer contre eux avec leurs camarades qui sont aujourd'hui dans la maison et qui demain n'y seront plus. Les mauvais domestiques se croient et se mettent dans un état habituel de guerre contre les maîtres placés sur la défensive; ceux-ci calculant sans relâche les moyens d'échapper aux fourberies, ceux-là les moyens d'en exécuter; ceux-ci s'efforçant d'économiser pour établir leur famille et pour réduire au moins leurs dépenses au niveau des recettes, ceux-là estropiant et brisant les meubles, parce que c'est le maître qui payera; gaspillant les provisions qu'ils voudroient dévorer en un jour; se plaignant de la nourriture lorsqu'elle n'est qu'abondante et saine, car ils veulent du rare et de l'exquis. Quand ils sont sans maison, à peine ont-ils le nécessaire. Sont-ils en maison, ils exigent le superflu, tandis qu'ils voient à côté d'eux le couvreur, le maçon, le scieur de long, le paveur, le laboureur, et tant d'autres ouvriers précieux à la société, qui, obligés à des travaux pénibles, sont réduits à une chétive nourriture.

Mademoiselle de Sommery, auteur (anonyme) de l'ouvrage intitulé : *Doutes sur différentes opinions reçues dans la société* (1), écrivoit il y a trente ans : « *Les domestiques les moins mauvais sont « ceux qui s'en tiennent à ne pas servir leurs « maîtres.* » Autrefois ils servoient pour vivre, à présent c'est pour s'enrichir, et malheureusement

---

(1) *In*-12, Paris, 1784.

en justice on ne regarde comme objets de vol domestique que les meubles, l'argent en espèce et l'argenterie; en sorte que, ces articles exceptés, tout leur paroît de bonne prise, quoique la clandestinité même atteste qu'ils se rendent coupables sciemment; quoique la bassesse avec laquelle s'exécutent leurs délits et la multitude d'objets de détails sur lesquels ils en exercent soient des brêches à votre fortune. Voilà donc des vols multipliés, reconnus pour tels, et cependant impunis, comme si le crime changeoit de nature en changeant de forme, et que la loi ne pût l'atteindre. Que de familles ruinées entièrement par des domestiques, dont quelques-uns, mais en très-petit nombre, exerçant envers leurs maîtres une pitié insultante et protectrice, et fournissant à leur subsistance, ont prétendu aux yeux du public, traduire en acte de bienfaisance ce qui n'était qu'un commencement de restitution.

La morale est sans motif durable, sans appui certain, quand elle ne se rattache pas à cette chaîne invisible qui unit le ciel et la terre; mais le mal est pire encore lorsqu'on simule la piété pour voiler le crime. *L'hypocrisie est*, dit-on, *le manteau de la scélératesse*; si tant de maîtres s'en affublent, seroit-il étonnant que des domestiques empruntassent le même uniforme? La fausse dévotion se dérobe quelquefois à toute la perspicacité de l'observateur, et trompe la défiance la plus attentive. Craignez un domestique sans religion, parce qu'alors rien ne garantit sa probité; mais redoutez autant un hypocrite qui, à la faveur de ce déguisement, médite ses hostilités. La vraie piété est un trésor; mais elle ne met pas d'affiche; elle hait l'affectation. Défiez-vous de ces dévotes emmiellées qui, sous prétexte d'aller fréquemment à l'église, vont caqueter, boire et libertiner; par un extérieur composé, un langage ascétique et des grimaces, elles prétendent remplacer les devoirs réels qu'impose le christianisme, et se dispenser du travail, de la probité, en écartant vos soupçons.

Au chapitre 42 de l'*Ecclésiastique*, on lit : « Là « où il y beaucoup de mains, tenez tout fermé, « donnez tout en compte et pesé, et ne manquez « point d'écrire ce que vous aurez donné et re- « çu (1). » Ce conseil, émané de celui qui est la sagesse éternelle, est en même temps une sentence contre la mauvaise foi.

Des domestiques surveillés devroient s'en féliciter, s'ils étoient probes; c'est précisément le contraire. Si les maîtres se réservent quelques clefs, les serviteurs se lamentent comme d'une insulte faite à leur fidélité : leur tactique usée est de citer

(1) *Eccles.*, c. 42, v. 7.

d'autres maisons qu'ils préconisent : on y avoit toute confiance en eux, c'est-à-dire que tout étoit en désordre.

Le déplacement des fortunes en France dans le cours de la révolution, réduit à des occupations subalternes, à celles même de la domesticité des individus autrefois entourés de tout ce qui compose un état d'aisance, et qui, arrivés au déclin de la vie, à l'âge des besoins, en sont d'autant plus à plaindre ; mais la révolution est un prétexte à une foule d'autres pour se plaindre des rigueurs du sort, en débitant qu'autrefois ils étaient servis, que des événemens fâcheux les ont ruinés. A les entendre, tous étoient opulens, comme les Européens arrivant aux colonies étoient presque tous gentilshommes : on voit même des domestiques qui, depuis l'époque où les distinctions de naissance ont repris faveur, se prétendent nobles, et mettent un vernis d'insolence sur tous les détails de leurs services envers des maîtres roturiers. Pauvre espèce humaine!

Il est une multitude de domestiques, courant de maison en maison, dont la vie n'est qu'un vagabondage ; après avoir joué vingt rôles et fait vingt métiersdifférens, ils n'entrent chez des maîtres qu'à l'essai, en attendant qu'ils en trouvent chez lesquels on puisse impunément fainéanter et voler ; il en est d'autres que gardent, pendant longues années, des maîtres ou assez aveugles pour ne pas s'apercevoir des tromperies dont ils sont victimes, ou qui, désespérés de ne rencontrer que des fourbes pour en remplacer d'autres, se résignent à cette espèce de martyre. Tel étoit l'abbé de Voisenon, qui, près d'expirer, se fait apporter son cercueil et dit à son domestique : Voilà mon dernier meuble : pour celui-là, j'espère que tu ne le voleras pas. Il est donc vrai que la permanence, dans le même service, n'est pas toujours un symptôme de probité.

Qu'entendent les domestiques par ces expressions de *bons maîtres*, de *bonnes maisons* ? Les *bonnes maisons* à leurs yeux, sont celles où le défaut d'économie et l'insouciance livrent tout au pillage. Dans leur style, un maître est mauvais, une maison est détestable, s'ils ne peuvent échapper à la surveillance ; mais s'il y a de l'ordre, ils se hâtent de l'abandonner, de la décrier. Plusieurs personnes ont essayé de les contenir, en haussant leurs salaires à un taux exagéré et en y joignant la promesse d'une augmentation progressive et annuelle. Cette sorte d'abonnement peut être un assez bon remède, quand la morale n'a pas encore perdu sur eux son ascendant ; mais avec le crime, c'est une vaine tentative. Un gain légitime n'a pas le même attrait que des rapines. Celles-ci dispensent de la gratitude. En calculant leurs profits, ils comptent moins sur leurs gages que sur ce qu'ils prennent, encore voudroient-ils qu'on leur sût gré d'y mettre quelques bornes.

Saint Jérôme, parlant des esclaves, il y a quatorze siècles, disoit : « Ils croyent qu'on leur ravit « tout ce qu'ils n'ont pu voler, ils murmurent sans « cesse, et quoi qu'on leur donne, ils croyent tou- « jours qu'on leur donne trop peu ; car ils consi- « dèrent moins le bien qu'on leur fait, que les ri- « chesses de celui qui leur accorde une grâce (1). » Cette peinture, applicable peut-être à tous les pays, s'adapte parfaitement à ce qui se passe chez nous, où marchands, ouvriers, domestiques, pour la plupart, établissent le prix des denrées et des salaires, non sur la valeur intrinsèque des choses, mais sur la qualité des personnes, sur l'opinion de ce qu'elles ont à dépenser par an, par mois ou par jour. Voilà pourquoi, si vous arrivez en voiture chez un marchand, vous payez plus cher que le piéton. Malheur à l'homme constitué en dignité et dont les revenus sont en évidence! La cupidité se complaît à les supposer doubles, triples, etc. etc., parce que c'est la base sur laquelle est assis le calcul de ce qu'elle veut prélever. Elle taxe d'avarice

---

(1) *Sti. Hieromini oper.*, *in-fol.* Parisiis, 1706, t. 4, epist. 47, p. 555 et 556; et epist. 89, p. 733.

cet esprit d'ordre, sans lequel les fortunes les plus colossales s'écroulent, et au moyen duquel l'homme vertueux agrandit le cercle de ses largesses. Si dans leur répartition, il n'embouche pas la trompette pour les proclamer, si la modestie dérobe à la main gauche les bienfaits que répand sa main droite, on demande ce qu'il fait de son argent. Il semble qu'on soit obligé d'exhiber le bilan de ses affaires, à cette nuée d'intrigans, parasites de la société, qui infectent les grandes villes et dont la fortune se compose d'escroqueries quotidiennes.

Le père de l'agriculture française, Olivier de Serres, dans un chapitre où il donne d'excellentes leçons aux maîtres et aux mercenaires et serviteurs, dit, en parlant de ceux-ci (1) : « Avant que « de mettre la main, se regardent l'un l'autre à « l'intérêt de l'ouvrage qui en reste en arrière ou « se fait mal.

« Aussi, ne la longueur du temps, ne le change-« ment de servitude en liberté, n'ont pu du tout « éteindre l'antique rébellion et désobéissance des « gens de service, qu'aujourd'hui n'en reste beau-« coup à nos mercenaires, sans vouloir reconnoître « la grâce que Dieu leur fait, d'être nés libres et

---

(1) *Théâtre d'agriculture*, par Olivier De Serres, 2 vol. *in*-4.° Paris, 1804, t. 1, p. 27 et 56.

« que la pauvreté ne leur ôte pas la *franchise*, la« quelle ils ont commune avec les plus riches. « Aucun n'entre au service, qu'avec humilité et « bonnes paroles d'obéissance et de diligence. Mais « peu. par après, se treuvent tenir compte de leurs « promesses, ne se ressouvenant tant de leurs con« ventions que de faire bonne chère, et du terme « de toucher argent. Lesquels finalement par pa« resse, se rendroient destructeurs et déserteurs « de la maison, sans bonne sollicitation à leur de« voir, qu'on ait contraint d'user envers eux, avec « beaucoup de souci et de peine. En quoi les armes « civiles (où plusieurs de tel calibre ont été em« ployés) les ont rendus tant plus insolens et ar« rogans, que par la longueur des guerres, ont eu « plus de loisir de s'habituer en tous vices et dé« sordres, et à moins se soucier de leur honneur, « au préjudice du public, même de l'agriculture, « au sacro-saint exercice de laquelle autres gens « que pures et mundes ne devroient être employées « à l'imitation de nos premiers pères. Et lors la « terre se délecteroit à nous produire abondam« ment ses biens, quand elle se verroit maniée « par des personnes innocentes et diligentes. Mais « puisque la nécessité nous contraint de nous servir « de telle sorte de gens, nous en choisirons des « moins vicieux pour nos affaires ; et buvant ce « calice, dirons avec le commun, etc. »

La reconnoissance est, dit-on, le phénix des sentimens ; épuisez-vous en présens, en bienfaits à leur égard, la durée de leur gratitude se mesure sur le temps nécessaire pour l'exprimer. Voyez s'il en reste la moindre trace, lorsqu'immédiatement après vous êtes dans le cas de leur faire de justes observations, de leur adresser de justes reproches. Il est des époques où ce que les Italiens nomment *mancia*, les Allemands *trinkgeld*, les Français *gratifications* ou étrennes, sont passés en usage, surtout au nouvel an ; telle est la raison pour laquelle le mois de décembre est communément celui où l'on est moins mal servi. Quoique le domestique n'ait pas contracté l'engagement de faire plus d'ouvrage, le maître ne regretteroit jamais d'augmenter les gages stipulés, en donnant des *gratifications*, si elles pouvoient lui garantir la fidélité de ses services.

Rien n'irrite plus les fripons que d'être connus comme tels. Les délits qui admettent judiciairement une preuve rigoureuse sont rares, et quels moyens restent au maître pour obtenir justice, contre tant d'autres vols répétés journellement et toujours impunis? Qu'il ose publiquement hasarder des soupçons, traduit devant le juge de paix, il se verra condamné à des réparations, à des dommages et intérêts ; il a été volé et, pour s'être plaint, il sera puni ; il est même des domestiques qui ont voulu trouver dans ce manège, une mine de profits dont ils ont perfectionné l'exploitation, en provoquant, devant des camarades affidés, des reproches qui attaquent ou qui effleurent au moins leur honneur ; si le maître échappe à ce surcroît de douleur, il lui restera celle d'être harcelé par des pervers, enorgueillis d'avoir humilié l'homme dont ils dépendent.

J'entends à l'avance les imprécations des coupables qui, étant le plus grand nombre et voulant intéresser dans leur cause toute la domesticité, crieront à tue-tête qu'on les traite de voleurs, quoiqu'ils sachent bien le contraire. Prendre leur parti, ce seroit se déclarer leurs complices. C'est un piége auquel échapperont les bons serviteurs, car il est certainement d'honorables exceptions. On cite des exemples de domestiques qui ont fait éclater des traits de vertu, d'autant plus louables que, par là même, ils avoient triomphé des vices de leur éducation.

On aime à rappeler ces domestiques de Port-Royal-des-Champs, qui, vivant dans l'athmosphère de la vertu, en avoient contracté la douce habitude. Les vies de plusieurs sont imprimées : ce sont des modèles pour les personnes de leur état.

Innocent Fai, garçon de charrue chez les Solitaires de Port-Royal, à la Ferme des Granges, s'épargnoit tout pour ne rien épargner aux pauvres : il n'est personne, disoit-il, qui n'ait plus de richesses qu'il ne lui en faut pour mourir. Le savant Hamon rédigea son épitaphe (1).

Jean Laisné, domestique au même lieu, mort en 1709. On étoit obligé de donner ses gages en garde à un autre, afin d'empêcher que ses largesses ne le dépouillassent entièrement (2).

Charlot, jardinier du monastère, mort en 1668, qui, par ses vertus, mérita d'avoir Hamon pour biographe (3).

Pierre Bouchier, jardinier du même monastère, à qui, lors de la destruction, en 1709, on contesta même ses hardes, et qui, mort aux Incurables, en 1721, y laissa le souvenir de la piété la plus tendre et du désintéressement le plus sublime (4).

---

(1) Sa vie dans le *Nécrologe de Port-Royal*, au 16 janvier, p. 29 et suiv., et dans le Supplément, p. 509.

(2) *V.* Supplément au *Nécrologe*, 15 fév.

(3) *V.* Les *Traités de piété de M. Claude de Saint-Marthe*, *in*-8.° et *Suite des Opuscules et Lettres de Hamon*, *sur la maladie et la mort de Charlot.*

(4) *V.* Les *Mémoires historiques et chronologiques sur l'abbaye de Port-Royal-des-Champs*, 7 vol. *in*-8.° Utrecht, 1755, (par l'abbé Guilbert), t. 7, p. 397 et suiv.

Armelle Nicolas, servante d'une famille distinguée en France, dont la vie édifiante a été traduite en anglais et réimprimée en Amérique (1).

Marguerite Ward, servante d'une dame anglaise, qui, pour avoir porté des secours à des prêtres catholiques persécutés, fut pendue à Tyburn, en 1588, et mourut avec le courage qu'inspirent l'innocence et les bonnes œuvres (2).

Cette servante fidèle qui sauva la vie à Grotius, enfermé dans une caisse.

Ce Jean Carbonne, garçon d'auberge à Gênes, qui, en 1746, à la tête des cordonniers, tapissiers et autres artisans, ayant sauvé la ville, couvert de blessures, remit au doge, dans l'assemblée des Oligarques, le trophée de la porte St. Thomas, en disant : Vous l'aviez livré à l'ennemi, nous le lui avons arraché au prix de notre sang ; gardez-le mieux désormais. Il y avoit plus de grandeur d'âme dans ce valet que dans tout le Sénat Ligurien, coupable d'une lâcheté à laquelle il mit le comble, puisque Jean Carbonne ne fut pas inscrit au nombre de ses membres.

---

(1) V. *Serious considerations on several importants subjects*, *in*-12, Philadelphie, 1778. *V.* à la fin du volume.

(2) V. *Memoires of missionnary priests*, *etc.*, (par Challoner), *in*-8.° 1741, t. 1, p. 222 et suiv.

Ce nommé *Dieu* que le roi de Prusse, Frédéric II, fit conseiller privé, et qui avoit été domestique de son ami Jordan (1).

Ce Nègre, dont on auroit dû nous transmettre le nom, qui vendit tout ce qu'il avoit et travailla jusqu'à la mort pour nourrir son maître du Colombier, retiré auprès de Nantes (2).

Cet autre Nègre, Louis Desrouleaux, pâtissier de la même ville, qui devenu riche fit à son maître devenu pauvre, une pension viagère de quinze mille francs.

Cette femme qui, pendant le cours d'une longue vie, avoit servi si fidèlement la famille de miss Elizabeth Moody, et sur les funérailles de laquelle cette dernière a publié une pièce sentimentale insérée dans la collection de ses poésies (3).

Marguerite Roux qui, à l'aide de son mari, Simon Henri, par son travail, nourrit Adanson, chez qui elle étoit entrée en service en 1783; elle a soigné ce savant jusqu'à sa mort (4).

Le Tellier, valet de chambre du sénateur Bar-

(1) *V.* Thibaut, *Mes souvenirs de vingt ans à la cour de Prusse*, t. 5, p. 232.

(2) V. *Journal de littérature, des sciences*, par l'abbé Grosier, t. 3, p. 288 et suiv.

(3) V. *Poetic triffles*, by Elisabeth Moody, *in*-8.° London, 1798.

(4) *V.* Le *Magasin encycloped.* octobre 1807, p. 498 et suiv.

thelemi, qui suivit son maître à la prison du Temple, à la Guyane, et qui, échappé avec lui des déserts de l'Amérique, mourut dans la traversée, au moment où il alloit revoir l'Europe.

Enfin on rappellera que Richeri, membre de l'Académie des sciences de Turin, étant tombé dans l'indigence et devenu aveugle, ses domestiques consacroient leur travail à lui procurer sa subsistance, et lorsque ce travail étoit insuffisant, ils alloient mendier pour lui (1).

Mais à côté de faits malheureusement rares, on pourroit placer une foule d'actes épouvantables. Si, dans le régime de la terreur, des domestiques estimables ont montré de l'attachement à leurs maîtres, d'autres ont conduit les leurs à l'échaffaud. Après dix ans, vingt ans d'une fidélité apparente, des domestiques ont volé, assassiné, empoisonné. Les tribunaux de la capitale retentirent, il y a quelques années, de plusieurs forfaits de ce genre, commis à Paris et à Clichy. Je pourrois citer deux

---

(1) Au Collége de Sainte-Marie à Winchester, sur un mur attenant à la cuisine, étoit une peinture emblématique représentant un domestique fidèle. On a conservé long-temps, comme pièce d'antiquité cette espèce de caricature, et les dix vers latins assez burlesques qui en étoient l'explication. L'auteur anonyme d'une *Histoire de Winchester*, 2 vol. *in*-12. Evinton, 1777, t. 1, p. 91 et suiv., a fait graver ce monument et l'inscription.

dames, l'une morte, l'autre languissante, empoisonnées par des cuisinières, que stimuloit la rage vindicative contre des maîtresses qui n'avoient pas la complaisance de se laisser voler.

L'Académie de Châlons-sur-Marne, dans son excellent *Recueil sur la destruction de la mendicité*, cite un fait bon à reproduire sous les yeux des lecteurs. M. de Sassenage, abbé de Saint-Jean-des-Vignes, avoit notifié à tous ses gens qu'il prétendait, en considération de leurs services, leur faire quelque avantage, mais pendant la durée de sa vie; ensorte qu'ils n'avoient rien à espérer de lui après sa mort. D'après ce plan, il leur accordoit une gratification annuelle double; jamais vieillard ne fut mieux soigné; il est mort centenaire (1). Sans doute on doit à la fidélité domestique les récompenses qu'il est plus doux encore d'accorder que de recevoir; mais dans l'alternative, ou de les décerner par forme de pension, de gratification, payées annuellement tant que vous vivrez, ou d'en ajourner la réalité après votre décès, par acte de dernière volonté, il n'y a pas, ce me semble, à balancer sur l'option entre ces deux modes : car le premier les intéresse à prolonger vos jours, le second à désirer votre mort. Malheur à l'homme

(1) V. *Les moyens de détruire la mendicité*, in-8.° Châlons-sur-Marne, 1780, ch. 13, p. 446 et 447.

qui préfère ce second moyen, et dont les dispositions testamentaires sont connues à l'avance, de légataires impatiens de jouir! car il est tant de moyens d'assassiner les gens en détail. La gouvernante (c'est le mot propre), la gouvernante d'un vieillard impotent lui faisoit prendre jusqu'à six bains dans un jour, pour l'affoiblir; un autre traînoit sa maîtresse infirme à des promenades qui excédoient ses forces. Beaucoup de gens à Paris connoissent l'anecdote de cette femme célibataire, près de laquelle les domestiques avoient fermé tout accès, jusqu'à ce qu'elle eût fait en leur faveur un testament olographe. Elle étoit dans les angoisses du trépas, lorsqu'enfin ses parens furent admis à la voir; d'une voix entrecoupée, elle leur dit à plusieurs reprises : *Cherchez bien.* Le conseil fut suivi, et des perquisitions exactes firent découvrir une déclaration, par laquelle elle protestoit contre le testament que les menaces et la violence lui avoient extorqué. Un décret du 28 mai 1812 annulle un testament, qui étoit évidemment l'œuvre de l'iniquité et le fruit de la captation de deux servantes, habituées de longue main à dépouiller leur maître (1).

Les registres des greffes criminels attestent que beaucoup de délits ont pour auteurs des hommes

---

(1) *V.* Le *Bulletin des lois*, n.° 437, p. 401 et suiv.

arrachés à l'agriculture, et des filles échappées à la maison paternelle, qui vont dans les villes cacher les suites de l'incontinence, et chercher dans la domesticité une ressource à laquelle elles ajoutent très-souvent le libertinage et le vol. D'après ces considérations, l'avocat Beaufleury demandoit qu'on défendît aux individus voués à la culture, de quitter leur village avant trente ans, pour aller servir dans les villes. Chamousset proposoit également de restreindre la faculté d'abandonner les travaux rustiques. La raison repousse ces barrières, qu'on voudroit interposer entre l'individu et les moyens de se procurer la subsistance. On n'a pas droit d'attacher le cultivateur à la glèbe, de le ramener à la servitude, de ravir à un homme la faculté de choisir la profession où il espère gagner davantage. Si trop de gens embrassent un métier que la concurrence rend ensuite moins profitable, ceux qui demeurent sans emploi sont, par la modicité du gain, repoussés vers un autre.

Il se peut qu'en certains pays les mauvais domestiques aient été et soient encore rares, mais assurément chez nous c'est l'inverse. Les bons forment l'exception, et même parmi ceux qui sont inattaquables sur l'article de la probité, il en est qui se pavanent de cette vertu, pour faire diversion sur le reste de leur conduite. Que les domestiques, au lieu de se plaindre du manque de confiance en eux, cherchent donc à la mériter. Si jamais ils n'abusoient de la bonté d'un maître, déploieroit-il une sévérité qui répugne toujours à une âme sensible? Eh! combien il seroit doux de pouvoir se reposer entièrement sur leur vigilance et leur probité, de voir en eux des amis malheureux! Mais tant de faits prouvent que souvent cette confiance n'est sollicitée que pour en abuser! La prudence oblige à des précautions qui aient le double effet de soustraire les domestiques aux tentations, et d'être pour les maîtres une sauve-garde. Une dame disoit un jour : Je ne suis pas surprise que les princes et les domestiques se portent bien, ils n'obéissent qu'à leur propre volonté.

Les grands chagrins tuent moins de monde que les tiraillemens journaliers. Une secousse violente peut troubler les facultés intellectuelles et vitales; mais il est plus facile à l'homme de déployer momentanément un caractère énergique, que d'en avoir habituellement. Dans le premier cas, il s'arme de courage, il appelle à son secours la religion et la raison; au lieu que cette surveillance tracassière, mais nécessaire, qui renaît chaque jour, ces désagrémens répétés crispent les nerfs, provoquent l'indignation, empoisonnent l'existence.

Combien de mères de famille, dans l'alternative d'être ruinées ou tourmentées, de perdre leur fortune ou leur santé, ont été par là conduites au tombeau! Cette calamité n'est pas nouvelle : car dans le *Recueil d'Inscriptions antiques* de Fabretti, on en lit une d'une romaine qui se réjouissoit de mourir, pour être enfin délivrée de l'*esclavage* de ses *esclaves*, et qui, par testament, ordonna de graver cette épitaphe sur son tombeau : *Pour l'instruction de la postérité.* La pièce est arrivée à son adresse (1); mais des milliers d'individus ont hérité de ses malheurs.

---

(1) V. *Fabretti inscriptionum antiquarum explicatio*, in-*fol.* Romæ, 1699, cap. 10, p. 703. Le texte est bon à citer : Quo « nemo mortem alacrius admisit, quod a servorum suorum, « servitute tandem liber evaderet. Hoc autem testamento cavit « posteris inscribi. »

CHAPITRE VI.

Causes de la dépravation des domestiques. — La principale est la dépravation des maîtres.

Dans ce que j'ai dit, concernant la dépravation des domestiques, les maîtres seront probablement de mon avis ; mais ne crieront-ils pas qu'on rédige une diatribe, si, en remontant aux sources du mal, on articule qu'il est presqu'entièrement leur ouvrage? Sous des formes souvent moins grossières, leurs vices et leurs crimes sont dans la réalité plus énormes que ceux de leurs subordonnés.

Jean Dalba, domestique chez les Jésuites du collége de Clermont à Paris, ayant dérobé des plats d'étain, fut traduit en justice, et s'y défendit en citant la morale du père Bauny, leur confrère, qui, dans ses *Cas de conscience*, autorise les domestiques à voler, pour suppléer à la modicité de leurs gages dont il les rend juges. Pascal, dans ses *Provinciales*, a saisi ce trait à côté duquel on peut placer en contraste ce qu'on a lu des domestiques de Port-Royal-des-Champs où il s'étoit retiré. Malgré le voisinage de Versailles et la dépravation d'un roi si lâchement préconisé par l'Académie française, quelques familles de la cour avoient conservé l'esprit d'ordre et de moralité. Un prince de Conti ne croyoit pas qu'il lui suffît de montrer l'exemple, il écrivoit sur les *devoirs des grands* (1). Plusieurs dames du premier rang retraçoient le portrait que Salomon a laissé de la femme forte. La piété brilloit dans les maisons de Luynes, de Montausier, de Sévigné, de Longueville, de Liancourt, quoique les guerres ruineuses et le libertinage dispendieux de François Ier, Henri III et Louis XIV, eussent déjà étouffé en partie les sentimens généreux, et préparé la subversion sociale. Sous le régent se forma, et sous Louis XV se fortifia, l'alliance si naturelle de l'impiété et de la licence; elles eurent pour apologistes des écrivains qui leur prostituèrent des talens distingués : la gangrène s'étendit rapidement de Versailles à la capitale, de Paris aux provinces, et circulant dans toutes les veines du corps politique, elle menaçoit de le dissoudre; la révolution éclate, la sagesse qui vouloit réformer succombe bientôt sous les efforts du crime qui vouloit détruire. Dans ce déluge de scandales, à peine on voit surnager quelques vertus. Des débris de ce naufrage, il a fallu reconstruire la société et amalgamer des élemens hétérogènes.

(1) *In*-8.° Paris, 1677.

Quelle fidélité peut inspirer à des domestiques l'aspect de fortunes cimentées par des banqueroutes frauduleuses, des déprédations, des rapines, et contre lesquelles le sang du pauvre crie vengeance? Une vérité de fait dans tous les pays, c'est que, proportion gardée du nombre, il y a plus de fripons en carrosses qu'il n'y en a à pied; c'est ce qui fit dire au prince de Ligne : *Les voleurs sont entendus de loin, car ils sont en voiture.*

Si tu as un serviteur fidèle, dit l'Ecriture-Sainte, qu'il soit comme ton ami, et traite-le comme un frère (1). Madame de Lambert, développant cette maxime dans ses *Avis d'une Mère à sa Fille*, lui dit que le service étant établi contre l'égalité naturelle des hommes, il faut l'adoucir. Rien n'est si bas que d'être haut avec qui nous est soumis. Il ne faut appeler l'autorité que quand la persuasion est impuissante (2). Ces dernières réflexions sont judicieuses; mais rectifions l'erreur dans laquelle est tombée madame de Lambert, en supposant que l'égalité naturelle est blessée par la domesticité, puisque, fondée sur des conventions libres, elle résulte du respect réciproque pour le droit de propriété. Sans ce respect, tout seroit guerre, on ne

(1) V. *Ecclésiastique*, c. 33, v. 3.

(2) *V. Les Œuvres de mad. Lambert*, in-8.° Paris, 1748, t. 2, p. 205 et suiv.

sortiroit jamais de l'état de chasseur, il ne pourroit y avoir ni maisons, ni culture.

On trouve d'excellentes réflexions sur le même sujet dans un ouvrage de J.-J. Rousseau, qui contient d'ailleurs des choses très-pernicieuses. Qui ne seroit attendri du tableau de cette famille où l'on n'aperçoit ni mauvaise humeur, ni mutinerie dans l'obéissance, parce qu'il n'y a ni hauteur, ni caprice dans le commandement; où ceux qui sont les maîtres à prix d'argent, le deviennent par l'empire des bienfaits, parce que l'affection se paye en même monnoie; où les maîtres savent qu'il est un milieu entre une dureté repoussante et une basse familiarité; où les domestiques assez raisonnables pour sentir qu'ils ne manqueront de rien tant que la maison prospérera, s'y intéressent comme à leur propre chose (1)? La réalité de l'histoire atteint rarement ce tableau presque fantastique à l'époque où nous vivons.

Quel contraste présente la conduite de ces maîtres durs, capricieux, impitoyables, à qui la bonté est aussi inconnue que la justice, dont le ton et les manières repoussent toute affection, et qui veulent ne commander qu'à des automates; qui, à l'opulence associant tous les résultats d'une mauvaise éducation, sont étrangers aux procédés reçus par-

(1) V. *La Nouvelle Héloïse*, t. 3, lettre 16.

ni les gens honnêtes, et qui, pétris de vices, exigent que leurs domestiques soient sans défauts? Ils ont une place distinguée dans un livre anglais, intitulé : ***Essai sur l'art de tourmenter ingénieusement, où l'on expose les règles propres à cet exercice amusant*** (1); ouvrage attribué à miss Collier : il est dans le genre de celui de Swift.

Après quelques détails sur les inventions de certains pays, inapplicables à d'autres contrées, tels que les ventilateurs et les éventails qui sont inutiles aux Lapons, les poêles à chauffer des zônes glaciales qui sont inutiles entre les tropiques, elle donne des règles aux amis, aux époux pour se *tourmenter* réciproquement; elle peint l'adresse avec laquelle des enfans, novices encore dans l'art de *tourmenter*, s'essayent sur des animaux au métier de Caligula, de Néron, de Phalaris. Si les maîtres et maîtresses n'ont pas d'enfans pour *tourmenter* les domestiques, elle conseille aux premiers d'y suppléer en s'entourant d'animaux, pour lesquels ils auront une tendresse extravagante.

Les hommes religieux, reconnoissant l'empreinte du créateur dans ses ouvrages et les droits inalié-

---

(1) *An Essai on the art of ingeniously tormenting with proper rules for the exercice of that amusing study, etc.*, in-12, 4.e édit. London, 1806. On vient d'en publier une cinquième édition.

nables de l'espèce humaine, ont toujours placé au nombre des devoirs indispensables, non seulement celui d'être bons envers leurs subordonnés, mais encore de les instruire, d'être leurs modèles. « Si « quelqu'un, dit l'apôtre des nations, n'a pas soin « des siens, et particulièrement de ceux de sa mai- « son, il a renoncé à la foi, et il est pire qu'un in- « fidèle (1). » Certes, très-peu de gens comprennent toute l'étendue de leur responsabilité sur cet article.

Lors de la canonisation du pape Pie V, les auditeurs de rote insistèrent vivement sur le soin qu'il prenoit de ses domestiques (2). Il faut associer à cet éloge le cardinal Barbarigo, Albergati, évêque de Bologne, saint Charles-Borromée, le vénérable Palafox, le chancelier d'Aguesseau (3), Pierre Pithou qui, dans son testament, déclare avoir toujours vécu avec ses domestiques comme avec des hommes (4); le marquis de Sévigné qui servoit les siens devenus infirmes (5); Joseph Dudley, gou-

(1) V. *Epist. ad Thimoth.*, c. 5, v. 8.

(2) V. *L'Abrégé du traité des canonisations de Benoît XIV*, par Joseph d'Audierne, t. 4, p. 42 et suiv.

(3) *V.* Dans le t. 13 des *Œuvres du chancelier d'Aguesseau. Sa vie*, p. 117 et 118.

(4) *V.* Le *Testament de Pithou dans le Conservateur*, 1757, p. 171.

(5) V. Le *Nécrologe de Port-Royal*, p. 119 et 141.

verneur de Massachussets, mort en 1720, qui les catéchisoit lui-même (1).

Louis XIV, avant d'expirer, demande pardon à ses domestiques qu'il avoit si souvent scandalisés : le cardinal Pierre de Luxembourg, près de mourir, se fait donner la discipline par les siens qu'il avoit édifiés (2). Celui-ci pratiquoit un acte d'humilité assez étrange, mais le premier acquittoit un devoir bien tardif.

Sur les côtes occidentales de l'Afrique, les Européens, portant les exemples de brigandage et de débauche, ont altéré les vertus natives des indigènes, tandis que dans l'intérieur de ce continent Ledyart, Horneman et Mungo-Park ont trouvé la simplicité patriarchale. Le missionnaire M. Perrin, qui a publié en 1804 son voyage dans l'Indostan, reproche aux Français établis dans cette contrée d'avoir, par leurs scandaleux exemples, perverti les serviteurs (3).

L'exemple bon ou mauvais est le plus éloquent des prédicateurs ; très-peu d'hommes cultivent leur

---

(1) V. *An American biographical and historical dictionary, etc.*, by William Allen, *in*-8.° Cambrige d'Amérique, 1809, art. Joseph Dudley.

(2) *V.* Dans Baillet, 5 juillet, la *Vie du bienheureux Pierre de Luxembourg.*

(3) V. *Voyage dans l'Indostan*, par Perrin, *in*-8.°, Paris, 2 vol. 1804, t. 2, p. 262.

raison, leur cœur, et agissent par principes : presque tous imitent ; rarement trouvera-t-on un serviteur vertueux chez un homme vicieux. Ce serviteur le quittera, sinon il lui ressemblera, et communément il est vrai le proverbe trivial : *tel maître tel valet.* Les maîtres sont les premiers, les plus grands coupables. Des enfans, des serviteurs entendront-ils sans cesse le langage de la fausseté sans devenir fourbes, de l'incrédulité sans devenir impies, du vice sans se corrompre ? Dans vos jardins, vos maisons, la peinture, la sculpture, la gravure offrent partout les scènes dégoûtantes de la lubricité. Eussiez-vous banni ces turpitudes, n'espérez pas que vos exhortations leur inculqueront l'amour de la vertu, si votre conduite personnelle n'est en harmonie avec vos discours ; ils écoutent ce qu'on leur dit, ils font ce qu'ils voyent pratiquer.

Des maîtres ayant suborné, débauché des domestiques, leur parleront-ils de délicatesse dans les sentimens, de régularité dans la conduite ? Lorsque, foulant aux pieds les devoirs religieux et la majesté des mœurs, ils invitent à la licence par leurs propos et leurs actions, peuvent-ils s'étonner de l'immoralité de ceux qui leur obéissent ?

Des domestiques auront-ils des mœurs, lorsque, complices de la maîtresse qui achète leur silence, elle se ligue avec eux pour grossir des mémoires dont l'excédant, payé par l'époux trop confiant, servira au libertinage et à la vanité de sa femme? Auront-ils des mœurs, lorsqu'ils sont confidens des foiblesses du chef de la maison, quand l'avantage ou le malheur d'avoir une figure attrayante expose une jeune personne à être séduite par le maître et maltraitée par la maîtresse.

Bonacossa vouloit sans doute prémunir les filles contre ce danger, lorsqu'énumérant les qualités convenables à celle qui entre en maison, il veut qu'elle soit *fidèle*, *laide* et *intraitable* (1). L'illustre Salvien, si peu lu présentement, et si digne d'être lu, écrivoit, il y a quinze siècles : **La matrone, ou dame de la maison est ravalée à l'état de ses servantes, quand le père de famille devient leur mari : alors la perversité du chef gangrène tous les membres** (2).

Il est des vices, inhérens pour ainsi dire à chaque

---

(1) Fidelis, deformis, ferox. *V.* le Traité *De Servis, hominibus propriis et famulis*, par Huzanus Bonacossa et Erchard, *in*-12. Gissæ, 1663.

(2) Haud multùm matrona abest à vilitate servarum ubi paterfamiliâs ancillarum maritus est.... Quanta servarum illic corruptela, ubi dominorum tanta corruptio? morbido enim capite, nil sanum est, neque ullum membrum officio suo fungitur, ubi quod est principale non constat. Salviani *de Gubernatione dei*, l. 7, p. 157 et 158, édit. de Baluze. Paris, 1663.

état. La propension des domestiques à l'infidélité trouve un aliment dans leur position même relativement au maître. Voilà deux individus, dont communément l'un est instruit, l'autre ignorant : l'un, dit Godwin (1), a des principes, l'autre n'a pas de volonté; l'un habite un bel appartement, l'autre est relégué dans un galetas; l'un est maltraité de la fortune, l'autre en a les faveurs; l'aspect des richesses irrite sans cesse la convoitise de celui qui en est privé. Résistera-t-il à cette tentation contre laquelle l'éducation ne l'a pas fortifié ? Résistent-il à l'usage presque général chez les marchands de faire aux dépens du maître des remises aux domestiques sur toutes les emplettes? car les vendeurs comme les acheteurs ont souvent leur morale à part, et l'on ne peut se dissimuler que la plupart des professions qui fournissent au besoin journalier des familles coopèrent puissamment à dépraver la domesticité.

La fureur de détruire a frappé, dans le temps de la terreur, presque toutes les écoles de campagne qui sont cependant les plus indispensables. Leurs modiques revenus ont été dilapidés, et, depuis cette époque, plusieurs générations ont atteint l'adolescence. Le défaut d'instruction qui les rend accessibles à tous les excès, accuse les gouvernans les-

(1) *The Inquirer*, by Godwin, 2.e part., Essai 4.e

qu'ils négligent cette branche de l'administration publique. Les persécutions ont également tari pendant plusieurs années l'instruction religieuse sans laquelle la société n'aura jamais de garantie, et qui est l'indispensable supplément de la loi; car un peuple, je l'ai dit ailleurs, et on ne peut trop le répéter, un peuple ne recevra jamais sa morale que des mains de la religion. Quant à vous, soi-disant sages, qui prêchez la vertu sans la rattacher aux espérances d'une vie future où chacun sera traité selon ses œuvres, pardonnez à la sévérité de mon jugement; mais l'expérience acquise, en vous étudiant, a vérifié que parmi les contempteurs de toute religion, il n'en est point dont je voulusse cautionner la probité.

Il est une foule de domestiques sur lesquels la vertu et ses motifs ont absolument perdu leur empire, et qui lasseroient la patience la plus intrépide. Cette observation atténue la vérité de l'adage trivial : *Les bons maîtres font les bons domestiques.* Quoique l'urbanité française n'existe plus guère que dans nos souvenirs et dans nos regrets, la corruption des maîtres a communément des formes moins hideuses que celles de leurs subordonnés, mais elle atteste d'autant plus l'hypocrisie des premiers. L'abus des moyens que leur offroit une éducation plus cultivée les rend plus coupables.

Où trouvera-t-on des vertus, quand la pudeur publique est éteinte au point que, dans les *Petites Affiches*, on a lu des annonces telles que celles-ci : « Un homme *seul* désireroit trouver pour son mé-« nage une jeune personne de dix-huit à vingt ans. « — Une jeune fille, ayant des *talens agréables*, « voudroit se placer chez un homme *seul.* »

Aux causes indiquées de la corruption des domestiques, ajoutons les loteries et les jeux publics qui augmentent le nombre des dupes et des fripons. Partout où ces abus sont tolérés, il faut multiplier les hôpitaux, les prisons et les échafauds ; alors les gouvernemens punissent les crimes qu'ils ont fait, ou laissé naître. Une foule de gens alléchés par l'espérance trompeuse de faire fortune, commencent par le vol et finissent par le suicide. Les jeux, les loteries sont, dit-on, un mal nécessaire dans les grandes villes. Ah ! si l'on scrutoit les motifs d'intérêt personnel de ceux qui allèguent ce prétexte pour mettre à contribution les vices les plus dégoûtans, que de turpitudes à révéler ! Appliquez à d'utiles entreprises seulement le quart des sommes absorbées par des architectes dévorateurs, et je vous garantis des résultats bien autrement utiles que vos palliatifs.

Sur l'article des loteries, le mal est grand à Paris, il l'est plus encore à Londres, où par des chambres d'assurance de mises en loterie, on séduit ceux qui tentent les chances de la fortune. Colquhoun, dans son ouvrage curieux sur la *Police de la Métropole*, déclare que ces chambres forment une effroyable confédération, et qu'en 1796 elles avoient environ deux mille agens.

CHAPITRE VII.

Lois et réglemens de divers pays concernant la Domesticité. — Nécessité d'en faire revivre plusieurs et d'y ajouter des dispositions nouvelles.

Après avoir exposé le mal et en avoir indiqué les sources, le point capital, mais le plus difficile est de trouver les remèdes ; les uns sont du ressort de l'autorité civile, les autres appartiennent au zèle de tous les bons citoyens.

La multitude des esclaves étoit une calamité dont gémissoient S. Clément d'Alexandrie (1), et S. Jean-Chrysostôme. Ce n'est pas, dit ce dernier, le besoin naturel qui les a introduits dans le monde, autrement Dieu eût créé avec Adam des êtres de son espèce pour le servir. L'auteur permet d'en avoir un ou deux, mais il veut qu'on les instruise dans quelque profession qui les mette à

(1) *V.* Son *Pédagogue*, l. 3, c. 4.

portée de se suffire à eux-mêmes, et qu'ensuite on leur donne la liberté (1).

Quelquefois les gouvernemens ont essayé de diminuer le nombre des domestiques. Louis XIII, en 1636, ordonna de congédier tous ceux qui ne seroient pas reconnus nécessaires. Cette mesure en fit renvoyer vingt mille dont on fit des soldats, à la décharge des provinces obligées de fournir des recrues (2)

Un autre moyen, dans plusieurs contrées de l'Europe, est une taxe somptuaire de laquelle sont exceptés les domestiques employés dans les établissemens d'agriculture, d'industrie et de commerce. Cette taxe, qui assurément est une des plus justes, des moins onéreuses, devroit frapper davantage encore sur les domestiques mâles, pour faire refluer dans les ateliers et dans les champs une multitude d'individus arrachés aux arts de première nécessité et voués à l'oisiveté escortée de tous les vices. Cette livrée nombreuse, dont s'entoure le luxe, au lieu d'avantages réels ne lui fournit qu'une complication d'embarras, et rappelle la

---

(1) *V.* S. Chrysostôme, sur la 1.re épître aux Corinthiens, homélie, 40, t. 10, p. 384 et suiv., et t. 11, p. 753, etc.

(2) V. *Police sur les mendians*, par de la Morandière, *in*-12. Paris, 1764, p. 132 et suiv.

réflexion plaisante du poète Sarrazin qui, à la suite d'un emportement contre son domestique, disoit à un duc : croyez-vous que je puisse souffrir d'être aussi mal servi avec un seul que vous l'êtes avec trente ?

Sur trente domestiques les deux tiers au moins sont de la campagne, d'où ils en attirent beaucoup d'autres; et pourroit-il en être autrement? Tel qui en haillons avoit quitté son village y retourne chamarré de galons; il y retourne, moins pour visiter la chaumière paternelle qu'il commence à dédaigner, que pour la sotte vanité de s'y faire voir à ses anciens camarades. Ceux-ci, comparant leur état avec celui d'un homme mieux vêtu, nourri, logé qu'eux, et soumis à un travail moins pénible, sont éblouis par son costume et par ses récits : car pour se donner du relief, il exagère encore les agrémens de sa position; et si, comme il arrive souvent, il joint à cela des discours libertins, des anecdotes scandaleuses et une conduite cynique, c'est une amorce de plus pour de jeunes gens qui, dans l'effervescence des passions, sont entraînés à la ville par son exemple.

Ces émigrations, funestes à l'agriculture, seroient bien moins fréquentes si les campagnes étoient encore le séjour de ce bonheur chanté par les poètes, et qui n'existe plus guère que dans leurs idylles ; si l'on ne voyoit souvent ceux qui font croître les moissons en proie à la misère, ceux qui fournissent aux riches le pain blanc, réduits à manger du son, et ceux qui cultivent la vigne, réduits à s'abreuver d'eau.

Il y a, et il faut qu'il y ait plus de bras qui travaillent que de têtes qui s'occupent exclusivement à penser, quoique les uns et les autres soient nécessaires à un état bien constitué. D'ailleurs avec des écoles primaires, qui seroient pourvues de livres classiques bien choisis, on peut arriver en quinze ans à ce que toutes les bonnes têtes pensent, sans qu'il y ait un bras de moins pour travailler et même en s'assurant que tous les bras travaillent avec profit et avec plaisir. Mais on ne doit jamais perdre de vue que les abeilles nourricières sont dans les campagnes et que les frelons se réfugient dans les cités populeuses. L'intérêt des gouvernemens est donc de répartir les avantages en telle sorte que ceux qui composent la majorité, contens de leur sort, n'envient pas celui de la minorité. L'agriculteur aura moins de propension à quitter son hameau, si, n'étant pas obéré de charges publiques, les moyens d'existence et d'aisance pour sa famille sont la juste compensation de ses travaux, et s'il voit les professions utiles plus honorées que les professions parasites. Ce double effet doit être l'ouvrage de la législation et de l'opinion ; la première appartient exclusivement à l'autorité publique, la seconde aux écrivains amis de leur patrie.

Cette diminution des serviteurs laisseroit des places aux personnes de l'autre sexe, que la nature destine plus spécialement aux détails du ménage. L'infériorité de forces et la décence leur interdisent l'exercice de quelques professions; mais indépendamment des soins du ménage, il est des professions sédentaires où elles peuvent rivaliser de talent avec les hommes, et les remplacer. Cette observation n'a point échappé à l'estimable auteur de la *Médecine Domestique*. Si l'on élevoit les filles, dit Buchan, à des ouvrages mécaniques, nous n'en verrions pas un si grand nombre livrées au crime pour gagner leur vie, et nous ne manquerions pas d'hommes pour la navigation et l'agriculture (1). Je suis surpris que les Gouvernemens de l'Europe n'aient pas, depuis des siècles, favorisé ce système, vu le besoin continuel de nouveaux soldats pour fournir à ces boucheries humaines qu'on appelle des guerres. Nos légions de cuisiniers et de laquais seroient d'une grande ressource, et feroient place à un sexe qui, ne trouvant plus ni mariage, ni emploi, se livre au libertinage.

---

(1) V. *Médecine domestique*, par Buchan, *in*-8.° Paris, 1775, t. 1, p. 249.

La domesticité est l'ouvrage des conventions. Elle établit un contrat entre deux hommes libres, qui se donnant une garantie mutuelle en doivent une à la société. La loi intervient au besoin dans leurs arrangemens, pour assurer l'intérêt individuel et l'intérêt public. La loi, d'une part, doit protéger l'influence et réprimer l'abus du pouvoir; de l'autre, protéger la propriété et prévenir ou punir les actes qui la violent. La justice est un patrimoine commun, mais l'équilibre n'est-il pas rompu, si la loi laisse toute facilité à l'homme qui n'a rien à perdre, de harceler, de tourmenter celui qui se trouve dans une position contraire?

M. Coke, député de Nottingham, avoit proposé dans la chambre des communes d'Angleterre, un bill, pour autoriser les juges de paix à terminer sommairement toutes les contestations entre les maîtres et les domestiques. Le bill reproduit quelque temps après fut rejeté, comme contraire aux droits d'une portion des citoyens, puisqu'il les priveroit de l'avantage d'être, ainsi que tous les membres de la cité, jugés par un *jury*; la loi perdroit alors son caractère d'impartialité.

Il est cependant, en Angleterre, des cas où la loi semble froisser la liberté, puisqu'on peut forcer certains individus à entrer en service; mais c'est une barrière que le législateur a cru devoir élever contre la fainéantise. Ces cas sont détaillés dans la

Justice de Paix, *par Burn*. On y trouve de plus les règlemens sur la domesticité, sur la durée et les formes des engagemens, sur la responsabilité du maître et du serviteur, sur l'appui réciproque qu'ils se doivent. Par les lois d'Alfred, le serviteur pouvoit se battre pour son maître, et, dans plusieurs circonstances, celui-ci étoit tenu d'intenter une action judiciaire pour défendre son domestique.

Un statut de la ville de Londres, rapporté dans Maitland, prononce l'amende de cent *pounds* contre le domestique, lorsque, par sa négligence, il est arrivé un incendie; la négligence est constatée par le serment d'un *témoin digne de foi* (1); expressions dont la latitude prête à l'arbitraire; si le domestique ne peut payer l'amende, il est envoyé dans une maison de correction.

D'autres règlemens déterminent les cas où le maître est responsable des faits de ses serviteurs, mais il peut infliger un châtiment à ceux qui sont au-dessous de vingt-un ans; et ce droit de corriger ne peut se déléguer, il appartient exclusivement au maître.

La durée du service peut n'être que d'un mois, mais si elle n'a pas été convenue, aux yeux de la loi elle est censée d'un an; le maître ne peut ren-

(1) *The History of London*, by Will. Maitland, *in-fol.* 1739, London, l. 1, p. [illegible] et [illegible].

voyer le domestique, ni diminuer ses gages, sous prétexte de dommage, de maladie, ni même de folie, sans autorisation judiciaire : s'il le congédie avant le temps révolu, il est tenu de lui payer à l'avance un trimestre (1).

Un édit de l'an 1585, rendu par le gouvernement de Naples, en faveur de la province de la Pouille, portoit que, sous peine de prison et de punition exemplaire, les garçons en service chez les laboureurs ne pourroient quitter leurs maîtres qu'après les semailles et à la fin de l'année de service, c'est-à-dire, à Noël (2).

En 1600, la petite et sage république de Saint-Marin fit des statuts contre les serviteurs qui quitteroient leurs maîtres, et contre les maîtres qui, sans motif valable et reconnu pour tel, renverroient leurs domestiques (3).

Dans le code général des états Prussiens, on trouve des règlemens concernant les fraudes des domestiques, les deniers détournés à leur profit, les dettes contractées au nom du maître, la séduc-

---

(1) *The Laws respecting masters and servants, articled clerks, apprentices*, 4.e édit., *in*-8.° London, 1802.

(2) Galanti *Descrizione delle Sicilie*, t. 3, p. 199.

(3) V. *Rubrique* 38.e dans le Recueil extrêmement rare et curieux de lois de S. Marin, sous le titre *Statuta, decreta, ordinamenta reipub. ac perpetuæ libertatis terræ S. Marini*, in-4.°, 1600.

tion à l'égard de la fille ou d'une parente du maître S'il y a inégalité de condition, la peine est de trois années de détention et le fouet, tant à l'entrée qu'à la sortie. La peine est modérée à six mois ou un an, si l'inégalité est réputée moindre. Un trait de sagesse particulier peut-être à ce code, est de prononcer des peines contre les domestiques qui provoqueroient des enfans au libertinage par des propos, des récits ou des actions lubriques. Les coupables doivent subir une punition corporelle et un emprisonnement de six mois dans une maison de force (1).

La législation française s'est occupée de la domesticité et souvent d'une manière inefficace. La raison en est simple; en France, on décide beaucoup, on exécute peu. La France, riche en sages ordonnances, est le pays où elles furent toujours le moins respectées, parce qu'on n'en maintient pas la stricte exécution, et parce que la légèreté nationale, n'admettant pour habitude que des modes, passe avec une égale rapidité de l'exaltation à l'indifférence et de l'apathie à l'enthousiasme.

Parmi les anciennes ordonnances, quelques-unes paroîtront bien étranges; telles sont celles de Louis XIV, qui, en 1685, défendit aux protestans

---

(1) *V.* Le *Code général pour les Etats prussiens.* Paris, *in*-8.º an 10, 1802, p. 995, 1028, 1350, etc.

d'avoir des domestiques catholiques, et qui, l'année suivante, leur défendit d'en avoir d'autres que des catholiques.

En remontant à l'an 1567, j'en trouve une qui interdit l'usage du vin aux *varlets* et mercenaires des laboureurs, excepté en certains jours. La même prohibition pourra s'étendre aux domestiques des villes, quand le magistrat le jugera nécessaire.

Sous Louis XIV la livrée faillit se rendre redoutable; déjà elle l'avoit été sous Henri IV. Au commencement du 17e siècle, les domestiques très-nombreux à Paris, joignoient aux vices de leurs maîtres la brutalité; ils s'attroupoient dans les places publiques, à l'entrée des palais et de la foire Saint-Germain, ils attaquoient, battoient et même tuoient des écoliers, des clercs du palais. Un M. de Tilladet, ayant été assassiné par des laquais, l'autorité civile leur ôta le port d'armes dont trop long-temps ils avoient joui. Cette défense n'a jamais été levée. Pourquoi donc voit-on des valets armés d'un large coutelas et portant la double épaulette? L'on peut demander à cette occasion qui on a voulu honorer, qui on a voulu flétrir.

En 1719, on défendit aux domestiques les galons d'or et d'argent, hormis sur les chapeaux: on leur défendit les vestes de soie ou brodées, les bas de soie avec des coins d'or ou d'argent, les cannes, excepté aux suisses des églises. Les punitions des infracteurs sont le carcan, et, en cas de récidive, les galères pour un temps limité ou à perpétuité.

D'autres excès avoient nécessité à certaines époques, d'autres mesures. Des laquais, à la porte des Tuileries, ayant proposé une gageure au profit de celui qui fouetteroit la première femme sortant du jardin, un d'eux accepta le défi. La princesse d'Armagnac, qui sortoit avec la marquise de Villequier, fut outragée par l'insolent, qu'on arrêta ; il fut condamné au carcan, et envoyé aux galères.

En 1540, François Ier avoit défendu de prendre pour domestiques des gens mal famés et inconnus, sinon l'on étoit responsable de leurs délits. En 1564, un édit de Charles IX exigea que les maîtres se fissent présenter par les domestiques des certificats en bonne forme, portant indication des lieux où ils avoient servi et des motifs de leur sortie, sous peine pour les maîtres de cent francs d'amende, et pour les domestiques, d'être traités comme vagabonds.

La plupart des ordonnances faites à ce sujet par les rois et par les cours souveraines ne font guère que se répéter. Telle est la défense aux domestiques de quitter avant la fin de l'année : ceci s'applique spécialement aux garçons fermiers; l'importance et la continuité des travaux champêtres commandoient cette mesure ; d'autres exigent seulement qu'on prévienne huit jours d'avance. *Les Fors et Coutumes de la Navarre française*, imprimés en 1645, statuent que le domestique quittant son maître sans juste sujet, avant l'époque convenue, perdra ses gages pour le temps de service écoulé; mais aussi le maître qui le renvoie sans cause légitime lui payera la totalité des gages, comme si le temps de service étoit entièrement révolu. La loi ne s'explique pas sur les raisons qui peuvent légitimer la sortie ou le renvoi, et sans doute elle défère au juge sur cet article un pouvoir discrétionnaire : elle ajoute que si, dans la discussion entre le maître et le serviteur, l'un des contendans s'en réfère au serment, ce moyen est décisif en faveur de la partie qui le prête, et son adversaire ne peut être admis à jurer en sens contraire (1).

Ces dispositions dérivent du principe d'égalité des hommes devant la loi, principe dont l'application doit s'étendre à des cas beaucoup plus graves que ceux qui viennent d'être cités. Dans un *traité de l'Adultère*, par un savant jurisconsulte, M. Fournel, on lit ces mots : « Un valet qui surprendroit « son maître en flagrant délit avec sa femme seroit « rigoureusement puni s'il se livroit à quelque vio- « lence envers lui. La subordination à laquelle il est

---

(1) V. *Los foros et costumos du royaume de Navarre*, in-8°. Orthez, 1645, p. 88, *De Probat. Rubrica* 14, art. 2.

« assujéti doit maîtriser les mouvemens de sa fu-« reur. » Mais, en supposant un fait inverse, le maître seroit-il moins obligé de comprimer sa fureur? et, s'il se portoit à quelque violence contre le valet, seroit-il moins punissable ? Il est à peu près certain que dans le premier cas le maître est le séducteur, que dans le second la maîtresse est la séductrice. Oseroit-on soutenir que, pour un crime absolument le même, la peine d'un serviteur doit être plus rigoureuse? Ce seroit reculer vers ces siècles barbares où pour vols, homicides, mutilations, outrages à l'honneur, à la pudeur, les peines étoient graduées d'après la naissance, le rang et la richesse. Cette législation qui s'étoit réfugiée dans les colonies à sucre, et surtout dans les Antilles, est repoussée par une disposition sage de notre Code des délits et des peines. L'article 324 décide la question. Les idées Européennes se sont rectifiées sur cet objet, grâces aux efforts des philosophes dignes de ce nom; car on ne peut associer à cet éloge des écrivains dont les opinions sont toujours subordonnées aux misérables calculs de l'égoïsme. Les crimes pour lesquels un *homme du peuple* (c'est leur expression) seroit traité par eux d'*infâme suborneur*, changent de nom quand ils parlent des scandales de rois; fussent-ils des Sardanapales souillés d'incestes et d'adultères, sous ce rapport même ils sont encore *augustes*. Dans des livres nouveaux de madame de ......, Louis XIV est l'*auguste amant*, ce qui signifie littéralement l'*auguste impudique*. Cette traduction fidèle fait mieux sentir l'indécence de l'épithète. Si cette tirade paroît une digression, on avouera, j'espère, qu'elle étoit amenée par mon sujet.

Diverses ordonnances exigent que les individus qui se présentent en service produisent des répondans; ils doivent encore être inscrits et signalés à la police. S'ils n'ont pas de maître, ils ne peuvent rester que huit jours à Paris, suivant une ordonnance de 1720; celle de 1778 leur accorde un mois.

On trouve, sous la date de 1751 et 1752, des arrêts qui condamnent au carcan des domestiques insolens envers leurs maîtres; l'épithète *insolens* est vague quand il s'agit d'établir un corps de délit et de prononcer une peine aussi grave.

Un arrêt du parlement de Toulouse, en 1739, défend aux gens en service de recevoir de l'argent pour faire parler aux juges et aux rapporteurs.

En élaguant ce que diverses ordonnances ont d'absurde, d'exagéré, de contradictoire, on peut déplorer l'inexécution de celles qui, exerçant une police sévère sur les mœurs, maintenoient la subordination sans blesser la justice distributive, et donnoient quelque garantie aux maîtres contre les attentats capables de porter l'épouvante dans les familles. L'ordonnance de 1778, dans laquelle on refondit la plupart des gouvernemens antérieurs, renferme beaucoup de dispositions à remettre en vigueur.

Dans les discussions de l'assemblée constituante et de celles qui l'ont suivie, on voit en général un caractère de bonté envers les domestiques, et une tendance à relever leur état; il fut même d'usage pendant quelque temps de ne les appeler que *familiers* ou *hommes de peine* (1).

L'autorité législative exclut des assemblées politiques ceux qui sont attachés au service habituel des personnes, et leur refusa le droit d'éligibilité. Notre Code civil s'est borné à quelques articles tels que la responsabilité des dommages par le maître; l'article 1780 déclare qu'on ne peut engager ses services que pour un temps ou pour une entreprise déterminée : c'est une barrière contre l'aliénation de la liberté. L'article suivant veut que le

---

(1) L'anecdote suivante porte l'empreinte ridicule de l'époque et des circonstances. En 1793, Urbain Jaume et Jean *Démosthènes* Dugourre, obtinrent, pour cinq ans, un brevet d'invention de nouvelles cartes à jouer, où les rois sont remplacés par des génies, les dames par la liberté : liberté des cultes, de la presse, du mariage; et l'égalité remplace les *valets*. *Voyez* la *Description des machines et procédés spécifiés dans les brevets d'inventions, etc.*, publiés par M. Molard, administrateur du conservatoire des arts et métiers, *in*-4°. Paris, 1811, t. 2, p. 219 et suiv.

maître soit cru sur son affirmation pour la quotité des gages stipulés et pour les à-comptes donnés sur l'année courante.

A ces articles un supplément peut être nécessaire. Des mesures de détail appellent l'attention de l'autorité civile qui a déjà fait revivre la défense aux domestiques logés dans les maisons où ils servent d'avoir en ville des chambres, souvent employées au recèlement des vols ou à servir de repaires au libertinage. D'anciens règlemens astreignoient les personnes qui vouloient servir à exhiber de bons certificats. On a contesté l'utilité de cette mesure : on voit, dit-on, des hommes par lassitude, par foiblesse, et même pour se débarrasser de mauvais sujets, leur donner des attestations de bonne conduite; mais doutez-vous qu'on ne pût, soit par voie repressive, soit par des moyens d'opinion, atteindre les auteurs de ce délit qui est un attentat contre la foi publique? Si le maître ne peut être forcé de donner un certificat, son silence sera un acte de censure; si cependant il est obligé d'en donner un, ou d'éloge ou de censure, qu'il ne soit jamais responsable, à moins que celui qui en est l'objet ne prouve juridiquement que l'inculpation est fausse.

Ne pourroit-on pas, en justice, traiter comme voleurs les domestiques convaincus de s'être permis des gains illicites et les marchands qui seroient leurs complices, leur décerner des peines pécuniaires, et surtout les flétrir ?

La différence des costumes est un mal, lorsqu'elle a pour but de créer des castes en appelant sur quelques-unes la haine ou le mépris. Tel a été, jusqu'à la révolution, le sort des Juifs de France, obligés de porter, à Avignon, un chapeau jaune, à Metz, un manteau noir et un rabat blanc. L'effet de cette différence est encore plus funeste, lorsqu'elle semble ramener une classe d'hommes à n'être, comme les anciens esclaves, que la *chose*, la *propriété* d'autres individus de la même espèce. Mais en repoussant avec horreur des inventions qui outragent la nature humaine, ne pourroit-on pas proposer que les serviteurs des deux sexes eussent un costume distinctif qui les fît reconnoître ?

On a soumis les ouvriers de diverses professions à se pourvoir d'un livret officiel, qui en contient les règlemens. Ils ne peuvent se présenter chez un nouveau maître sans produire, sur ce *livret*, l'assentiment qu'il a donné à leur sortie. On a ensuite appliqué cette mesure aux gens en service; par ce moyen, ils sont inscrits à la police, avec indication de leur lieu de naissance, de ceux où ils ont servi, et leur signalement. Ne pourroit-on, en outre, publier journellement dans les grandes villes, à Paris surtout, le mouvement des domestiques qui, par des causes quelconques, entrent en maison ou en sortent, comme à Berlin on publie, par la Gazette, le nom, les qualités, la demeure de tous les régnicoles ou étrangers, qui, n'étant point domiciliés dans la ville, y sont arrivés la veille?

Mais les lois les plus sages ne peuvent réprimer tous les délits; on doit même éviter cette manie réglémentaire, reprochée par Mirabeau à un prince, qui s'étoit occupé des souricières de Brunswick et et des œufs frais de Postdam.

Voyons si, par des moyens d'instruction, des institutions locales, des encouragemens, on pourroit seconder les vœux du Gouvernement; il ne peut tout faire : le devoir des bons citoyens est de concourir à ses vues avec un zèle qui, pour atteindre au même but, met en harmonie les volontés et les forces de la société. Les lois parlent à la raison, l'instruction et les institutions parlent à l'esprit et au cœur. Combien sont précieuses celles qui ont pour objet de former les hommes à la vertu, si l'on considère qu'un seul individu pervers est quelquefois le scandale, le fléau et la terreur de son canton!

CHAPITRE VIII.

Instruction des Domestiques et d'autres classes indigentes de la société. — Amélioration de leurs mœurs. — Etablissemens formés pour cet objet dans divers pays.

L'OPULENCE et l'indigence sont plus que la médiocrité voisines du crime. On peut, à bien des égards, leur appliquer ce mot du comte d'Aranda: Les cours et les populaces se ressemblent. Elle est assez juste, quoique triviale, la comparaison qu'on a faite de la société avec un tonneau de bière : le dessus est écume, le fond est de la lie ; il n'y a de bon que le milieu.

Dans tous les siècles, les hautes classes de la société furent les moins vertueuses, les plus perverses. La corruption descendue à celles qui leur sont subordonnées, ne justifie que trop ce dire d'un poète comique : Bien peu de maîtres seroient dignes de servir ; ils ressembleroient en tout à leurs valets, s'ils avoient été placés dans les mêmes circonstances. L'opération la plus indispensable seroit donc de réformer les maîtres ; indiquer cette mesure est chose facile. Je voterois des remercîmens à quiconque trouveroit les moyens de la faire exécuter.

La législation peut les atteindre, en certains cas; mais quel ascendant l'opinion publique exercera-t-elle sur eux, si cette opinion même est erronée et s'ils prétendent en être les régulateurs?

Il est plus aisé peut-être d'agir efficacement sur la conduite des domestiques, lorsque leur dépravation n'est pas consommée, et qu'ils sont accessibles aux sentimens honnêtes. Si l'on ne peut les soustraire au mauvais exemple qu'ils ont sous les yeux, essayons au moins de les prémunir contre son influence.

Le prince de Ligne, qui écrit toujours avec esprit, et qui raisonneroit plus souvent avec justesse, si ses vues n'étoient outrées, regarde comme un grand malheur que la classe des domestiques soit mal élevée. Il voudroit des écoles pour leur apprendre à bien penser, bien servir, bien converser; car on se trouve souvent exposé à leur société à la campagne, en voyage, en ville. Il demande qu'on érige des colléges pour leur enseigner la morale, la littérature, la musique et le dessin, comme moyen de plaire à leurs maîtres qui feroient leur fortune : ce seroit, dit-il, une portion de citoyens heureux; au lieu de les chercher dans la rue et de les prendre au hasard, on iroit à cette fondation (1). Enseigner aux domestiques la musique, le dessin, la littérature, voilà de l'exagération ; mais il est, pour chaque état, un degré convenable de connoissances, il faut s'y borner. Et tel est, dit-on, le but de l'école formée à Fribourg en Brisgau, pour l'instruction religieuse, morale et industrielle des filles de quinze à seize ans, que la nécessité réduit à servir. Le père Sautier, ex-jésuite, est le fondateur de cet établissement, dans lequel il a établi un régime extrêmement sage et sur lequel il a publié divers opuscules.

En Angleterre, de toutes parts, on s'occupe des domestiques ; à Londres, à Bath et ailleurs, on a ouvert des chapelles uniquement consacrées à leur instruction et à celle des pauvres. On leur distribue des ouvrages de piété; pour eux surtout, ont été établies les *Sunday-schools*, écoles du dimanche, qui ont le plus grand succès, et dont miss Hannah-Moore a pris si courageusement la défense, contre quelques fauteurs de l'ignorance, fidèle alliée du despotisme. Divers établissemens enseignent aux filles les travaux propres à leur sexe, comme filer, tricoter, coudre. Telle est entr'autres

(1) V. *Œuvres et Pensées du prince de Ligne*, 2 vol. *in*-8°, Genève, 1809, t. 2 du 2.e vol. p. 48 et 49.

la société Amicale Féminine à Emphikthon, près Stamford.

Le zèle pour les écoles de charité est stimulé fréquemment par des assemblées périodiques et des sermons sur cet objet. Ce zèle a même pris un caractère d'animosité parce que l'esprit de parti s'en est mêlé ; voici à quelle occasion :

Un plan d'instruction pour les classes pauvres, introduit par Joseph Lancaster, a rapidement obtenu une préférence, fondée sur de grands succès (1). L'ordre, dit-il, est la première loi des cieux. Celui qu'il a établi dans ses écoles est un prodige, de l'aveu même de M.rs Trimmer, qui a écrit contre lui (2). La partie méchanique de son système a l'approbation générale. On admire la facilité avec laquelle un seul maître gouverne sept à huit cents élèves et la rapidité de leurs progrès ; mais l'auteur est quaker : or, dans le même pays où si long-temps on repoussa les réformes salutaires du calendrier, parce qu'elles venoient d'un pape une partie du clergé anglican repousse le nouveau plan d'instruction, parce qu'il vient d'un *dissenter*.

---

(1) V. *Improvements in education, etc.*, by Jos. Lancaster. Je cite l'édition de New-York, *in*-12, 1807.

(2) V. *A Comparative view of the new plan of education promulgated*, by M. Jos. Lancaster, etc., by M.rs Trimmer, *in*-8°, London, 1805.

Telle paroît être la raison pour laquelle on tâche de lui opposer celui du docteur Bell, qui est aussi un homme de mérite et qui est membre de l'église nationale. Cependant les bons esprits, planant au-dessus des préjugés, se rallient au système de Lancaster qui paroît triompher. Déjà même, il a pris une grande faveur dans les États-Unis d'Amérique, et spécialement dans l'état de New-York (1).

Hanway, fondateur de la *Société de Marine*, pour les enfans orphelins des matelots, s'occupa du sort des ramoneurs : s'étant appliqué à connoître une maladie, qui, par là même, a pris le nom de *Cancer des Ramoneurs*, il s'assura qu'elle étoit due en partie aux excès du travail et à l'abus d'autorité de la part des maîtres. Alors il demanda un acte du Parlement pour protéger ces malheureux.

Depuis Hanway, à Kingston sur la Tamise, on a pareillement établi une école du dimanche pour les ramoneurs (2), et parmi les nombreuses sociétés de bienfaisance à Londres, il en est une qui a leur instruction pour objet. On verra, dans un

---

(1) L'édition de Lancaster, qu'on vient de citer, contient un *Essai sur les écoles de New-York*.

(2) V. *The Reports of the Society for bettering the condition and increasing the comforts of the poor*, in-12. London. *V*. t. 2, p. 108 et 316.

moment, que la France a la priorité de cette bonne œuvre; il seroit même inutile de rappeler qu'on la doit à la religion, car il est très-peu d'établissemens de bienfaisance qui n'aient été créés par elle.

Quatre opuscules, imprimés depuis 1735 à 1743, contiennent des détails curieux sur l'état des Savoyards, Auvergnats, Normands, alors répandus dans Paris (1). On y voit qu'ils formoient comme trois nations jamais opposées, jamais confondues: chacune avoit ses places déterminées. Les décroteurs étoient au nombre d'environ neuf cents. Ils logeoient dans les faubourgs, où leurs asiles étoient moins chers. Tous ceux du même évêché habitoient le même quartier, et se distribuoient ensuite selon les paroisses. Les curés s'occupoient avec succès des moyens de les réunir le dimanche et de les instruire. Que de ressources trouvent le zèle éclairé et la piété industrieuse, en faveur des classes les plus délaissées de la société! Cette école

---

(1) V. *Projet d'un établissement, déjà commencé, pour élever dans la piété les Savoyards qui sont dans Paris*, in-8.° Paris, 1735. — *Progrès de l'établissement*, 2.e partie in-8.° 1737. — *Suite du progrès de l'établissement*, 3.e partie, 1739. — *Perfection de l'établissement*, 4.e partie, 1743. Desfontaines, en rendant compte de ces écrits, demande une institution semblable en faveur des cochers. Voy. *Observations sur les écrits modernes*, t. 4, p. 85 et suiv.

perfectionnée existoit encore en 1793, sous la conduite du vénérable abbé de Fénélon; les Savoyards réclamèrent envain leur père, qui fut traîné à l'échafaud. Cette institution se place naturellement dans les attributions du clergé. Le zèle, qui s'évapore quelquefois en pratiques surérogatoires, portera sans doute ses regards sur un établissement dont la résurrection seroit une si bonne œuvre.

Depuis près de deux siècles, il y avoit à Reims, pour les servantes, une fondation par une femme, dont la mémoire doit y être couverte de bénédictions et dont le nom doit être recueilli avec respect.

Madame Barbe Martin, veuve de Nicolas Colbert, seigneur de Magneux, eut chez elle, pendant quelques années, une petite communauté de filles qu'elle formoit à la vertu, à l'économie domestique. Encouragée par le succès, elle voulut perpétuer la durée de ce bienfait, « considérant » (c'est elle qui parle) « la nécessité d'instruire de « pauvres filles, qui n'ont d'autre moyen de gagner « leur pain qu'en servant les particuliers en leur « ménage........ Remarquant en ce point, que les « enfans des meilleures familles de cette ville qui, « dans l'accroissement et l'âge parfait en deviennent les chefs et recteurs, reçoivent ordinairement, par la communication et la familiarité des « personnes de cette condition, les dispositions et

« habitudes aux vices ou à la vertu, etc. etc.; elle « donne un bien fonds pour dix pauvres filles de « Reims et de Rhetel, qui seront élevées dans la « *piété et les exercices du ménage, pour servir* « *domestiquement* sous la conduite de deux fem- « mes veuves ou filles âgées. »

La réversibilité du bien à sa famille aura lieu, si l'on détourne à d'autres objets l'emploi des revenus. Cette fondation approuvée par l'archevêque de Reims, en 1634, fut confirmée l'année suivante par des lettres-patentes du Roi, dans lesquelles est une clause qu'on ne s'attendroit pas à y trouver, si l'on ignoroit que le Gouvernement déployoit une vigilance continuelle et très-louable contre les invasions ultramontaines. Cette clause confirme l'établissement au cas qu'il n'y ait rien de *contraire aux libertés de l'Eglise Gallicane*.

La fondatrice porta depuis à quatorze le nombre des filles à élever, et à cinq celui des maîtresses et gouvernantes (1).

A Paris, la *Petite Union*, nommée autrement le *Petit Saint-Chaumont*, formée en 1679, par le vertueux prêtre Le Vachet et par les demoiselles de Lamoignon et Mallet, étoit destiné à retirer les filles arrivant de province, à les instruire de ma-

(1) V. *Lettres pour l'établissement du Séminaire des Pauvres filles en cette ville de Reims*, in-4.° 1649.

nière que les dames pussent trouver parmi elles des femmes de chambre et des servantes de bonnes mœurs. Un curé de Paris avoit désiré qu'on les y logeât, de même que celles qui étoient sans condition, en attendant qu'elles pussent se placer, afin de les soustraire au danger des mauvaises mœurs. Quelques hospices accordoient cette faveur aux domestiques sans place ; ils pouvoient y rester pendant trois jours. Telles étoient, pour les servantes, la maison des dames de Sainte-Élizabeth, l'hôpital Sainte-Catherine, rue Saint-Denis, et pour les hommes, celui des Filles-Saint-Gervais, Vieille rue du Temple. Une de ces bonnes hospitalières, qui donnoient des secours à l'indigence, n'en trouva pas dans le temps de la persécution. On lui refusa même un matelas. Ces établissemens, dévorés par la révolution, renaîtront peut-être, par l'effet de ce zèle qui multiplie, depuis quelques années dans les départemens, des fondations utiles. La ville de Strasbourg a des ateliers de charité, où l'on reçoit les domestiques des deux sexes qui n'ont pas de service.

Quand les hommes reviennent à la vertu, à la raison, en général c'est moins par amour pour elles que par lassitude du vice et de l'erreur ; tels sont les motifs qui, après la destruction de tous les moyens d'instruction publique, après la persécution la plus atroce, ont rappelé aux idées de culture morale et aux sentimens religieux, comme étant le lien le plus puissant entre ceux qui commandent et ceux qui obéissent.

Pour remédier au mal que déplorent tous les hommes sensés, il faut s'emparer de la génération qui naît et de celle qui court à la puberté, répandre l'instruction et les encouragemens à la vertu; mais jusqu'ici l'enseignement est à peu près nul pour les classes qui sont toujours aux prises avec le besoin; elles manquent de facultés pour payer les écoles et leurs enfans manquent de temps pour les fréquenter. Il est un moyen de réparer ou du moins d'atténuer ce mal; c'est d'établir les *écoles du dimanche*. Strasbourg est peut-être la seule ville qui, à cet égard, ait encore montré l'exemple.

Les enfans des deux sexes, dans le cas de suivre ces écoles, appartenant à la classe indigente, sont par là même destinés à la domesticité ou aux arts et métiers : l'enseignement devroit être tel qu'il les préparât à ces professions, comme serviteurs et comme apprentis. Cette réflexion s'applique également aux hospices des *Enfans-Trouvés*.

Les écoles du dimanche ont été introduites à Berlin avec un égal succès. Dans cette ville, madame de Krosik est à la tête d'une maison pour former des institutrices et des femmes de chambre;

ici l'enseignement est plus étendu, plus relevé, surtout par les talens et l'expérience de la directrice.

On cite avec beaucoup d'éloges celle de madame Cosway à Lyon. Elle étoit allée dans cette ville avec le projet d'établir une maison d'éducation où l'on réuniroit les jeunes filles de divers rangs de la société. Ces enfans devoient être divisés en trois classes : la première destinée aux demoiselles riches, la seconde à celles dont la fortune étoit médiocre, et la troisième aux filles d'artisans.

De grands talens développés chez des enfans des seconde et troisième classes devoient être récompensés par l'admission de ces enfans dans la première.

Ce plan n'a pu s'exécuter comme il avoit été conçu. La première classe s'établit, mais il n'y eut pas d'élèves pour la seconde, la troisième n'eut lieu qu'avec le secours de la bienfaisance.

La classe des ouvriers à Lyon trouvoit trop chère la très-modique pension que demandoit madame Cosway, et préféroit d'envoyer ses petites filles chez les *Sœurs de la charité* où elles apprenoient gratuitement le catéchisme : on leur enseignoit à lire et à écrire. Cependant des familles riches placèrent à leurs frais quelques pauvres filles dans cette troisième classe de madame Cosway, et il se forma une société de jeunes demoiselles qui résolurent de mettre en commun chaque mois l'argent qu'elles auroient économisé sur celui qui étoit destiné par leurs parens à leur entretien, à leur amusement, et d'employer ces sommes à faire élever de jeunes filles qu'elles choisiroient dans des familles vertueuses, mais pauvres.

Cette association de bienfaisance prit le nom de *Société des Jeunes Economes.* Aidées par les conseils de leurs mères, ces demoiselles reconnurent que la troisième classe de madame Cosway leur offroit tous les avantages d'une excellente éducation pour leurs petites protégées.

Madame Cosway, qui avoit un beau local fourni par la ville, voulut bien s'engager à recevoir toutes les pauvres filles qu'elle lui confieroit, moyennant que la société se chargeroit du trousseau et de l'entretien de chaque enfant, et payeroit sa pension de cent quatre-vingt-dix francs.

On enseignoit à ces filles tous les travaux qui peuvent être le partage des femmes dans une maison, et on leur montroit en outre à lire, écrire et parler correctement leur langue maternelle, et une autre langue vivante. Celles de ces filles qui annonçoient le plus d'intelligence et de raison étoient récompensées de leur application et de leur docilité par une instruction plus étendue :

on leur enseignoit la géographie, l'histoire, le dessin, pour les rendre capables de devenir bonnes gouvernantes d'enfans.

Madame Cosway avoit voulu donner à ces dernières le talent de la musique; mais la piété des bienfaitrices leur fit refuser cette faveur pour leurs protégées; elles craignirent que de jeunes filles pauvres, dont la voix auroit été cultivée, ne fussent entraînées dans quelques petits spectacles, et ne renonçassent à l'emploi si utile, mais si laborieux, vers lequel toute leur éducation étoit dirigée.

L'avantage que l'on trouvoit à réunir dans la même maison deux classes d'enfans, dont la fortune était si différente, étoit d'habituer les riches aux sentimens de la bienfaisance. Chaque demoiselle adoptoit en quelque sorte une des pauvres filles; elle s'informoit de ses progrès et les encourageoit par des louanges, des caresses, quelques dons; elle faisoit répéter les leçons que la pupille devoit apprendre en peu de temps, et sa bonté étoit payée par l'amour et le respect; mais malheureusement l'institution de madame Cosway n'existe plus que dans les regrets des hommes de bien.

Après une interruption déplorable, l'éducation rétablie pour les familles riches auroit sur les autres quelque influence salutaire, si elle étoit dirigée avec la sagesse qui préside à plusieurs établissemens. Dans certains pensionnats de filles, on voit renaître, dit-on, tous les anciens abus qui procureront à la société non des mères de famille, mais des femmes mondaines, capables peut-être de tenir bureau d'esprit, incapables de conduire un ménage. Quand l'instruction exerce plus la mémoire que le jugement, on n'a que des idées d'emprunt, et, lorsque mieux réglée, elle apprend à penser, à raisonner, elle n'a fait encore que la moitié de l'ouvrage, si elle n'opère sur le cœur avec autant d'assiduité que sur l'esprit; si, à côté du raisonnement, elle ne place le sentiment de la vertu, sans quoi les talens de l'esprit, loin de s'opposer aux ravages des vices, leur prêtent des armes.

Le problème à résoudre est celui-ci : Pousser au plus haut degré et simultanément le dévoloppement des facultés intellectuelles et la pratique des vertus. On s'est borné à la première partie; J.-J. Rousseau avoit tort de croire, ou plutôt de vouloir persuader qu'entre les sciences, les arts et le vice, il y a une connexité nécessaire; mais il raisonnoit juste en parlant de ce qui se fait dans cette vieille Europe, dont la civilisation n'est à plusieurs égards qu'une barbarie raffinée.

Le voyageur Pratt raconte qu'à Wesel il a vu des officiers français donner à leurs domestiques des ordres que ceux-ci recevoïent chapeau bas et le corps incliné. (*In a very unrepublican manner*), *dans une attitude anti-républicaine* (1). Cette expression est sans doute une plaisanterie : l'égalité des hommes devant la loi n'est pas le nivellement des conditions. Jamais une société civilisée n'existera sans les idées et les formes de subordination qui sont le résultat de la nature ou des conventions. Chacun, dit un de nos poètes, est fils de ses œuvres, l'essentiel est de respecter partout la dignité de l'homme, car il devient vil quand on l'avilit ; aussi doit-on assigner comme une cause de dépravation l'injuste mépris attaché à la classe qui loue ses services. En partant de la même idée, on approuvera le trait rapporté dans je ne sais quel auteur, concernant une jeune princesse qui, s'étant permis de donner un soufflet à sa *bonne*, fut condamnée par les parens à lui demander pardon à genoux, et, pendant quelques jours, obligée de la servir à table.

Il y a environ trente ans que, voyageant en Suisse, je dînai chez un magistrat tenant auberge à Sursée ; il nous servoit avec la serviette sous le bras : un des convives lui en témoigna son étonnement. La profession d'hôtelier, dit-il, est-elle

(1) V. *Gleanings through Wales, Holland and Westphalie*, by Pratt, 5.e édit. London, t. 3, p. 97.

moins noble que celle du négociant qui expédie un vaisseau à la Chine? Il n'y a de différence entre ces deux genres de commerce que dans la manière; car l'un et l'autre ont également pour but d'amasser de la fortune; en vous servant à table, je ne perds pas le droit d'aller ensuite, comme partie du souverain, voter pour les intérêts politiques de ma patrie.

Un jour, Mirabeau, parlant à l'assemblée constituante, déclara ne vouloir reconnoître que trois classes, les propriétaires, les salariés et les voleurs. Cette idée, au niveau de laquelle n'étoient pas la plupart des auditeurs, causa de la surprise et même de la rumeur. Cependant une liste civile et les gages du dernier employé ne sont que des salaires sous des noms différens; les fonctionnaires, soit publics, soit particuliers, sont salariés; le prélat, le médecin, le guerrier, comme le garçon de bureau, le bedeau, le serviteur; et si, dans la classification des états, on a paru avilir la domesticité, c'est peut-être par suite du préjugé contre l'ancien esclavage, mais c'est un préjugé qui, ainsi que tant d'autres généralement reçus, peut être discuté et combattu. La raison proclame qu'il n'y a de honteux que le vice et le crime. Vouloir, pour d'autres causes, replonger dans l'abjection une portion quelconque de la société, c'est méconnoître l'identité de la famille humaine, c'est décourager la vertu ; car, lorsqu'on n'a rien à perdre et rien à gagner dans l'estime publique, on fait peu, ou l'on ne fait rien pour l'obtenir ; il est des domestiques estimables : chacun a la faculté de se placer dans les exceptions qui sont aussi rares que celles des bons maîtres ; mais en accusant la perversité du plus grand nombre, ayons la franchise d'accuser aussi l'absurdité ou l'exagération de beaucoup d'opinions établies.

Quant à l'enseignement religieux en France, quel fruit peut-on s'en promettre, lorsque, dans plusieurs diocèses, les pasteurs qui, fidèles à leurs devoirs au milieu des orages, n'ont cessé d'instruire et d'édifier, sont harcelés sans cesse ou même exclus du ministère par des fanatiques? lorsque certaines gens, réveillant les troubles, prêchent la controverse sur des disputes surannées, au lieu d'instruire solidement sur les devoirs de chaque état, et prouvent de nouveau ce qu'atteste l'expérience des siècles : c'est que là où n'est pas la charité, là n'est pas la vérité; lorsqu'à la religion ils associent des petitesses et des folies qu'elle réprouve ; lorsqu'après avoir fait pleurer des madones en Italie, ils viennent substituer en quelque sorte à la sainteté du dogme et de la morale, des *sacrés cœurs*, des *scapulaires*, des médailles et des chapelets ; et lorsque d'un autre côté des hommes, devenus dévots pour se dispenser d'être pieux, et d'autant plus zélés qu'ils sont plus étrangers à la croyance, répètent sans cesse avec un air de Tartufe que la religion est un frein nécessaire au *peuple*. Cet hommage forcé est un aveu que, s'ils avaient un dépôt à garder, un secret à confier, ils préféreroient encore l'homme religieux; que si une femme, des enfans, des domestiques étoient sans religion, celle-là pourroit se faire un jeu d'être infidèle, ceux-ci seroient désobéissans ou voleurs.

Malheureusement l'hypocrisie est trop visible dans ces prétendus amis du christianisme qui exigent des autres une sincérité dont ils se dispensent.

CHAPITRE IX.

Continuation du même sujet. — Projet d'une société en faveur des domestiques. — Conclusion.

La législation, plus occupée à punir qu'à récompenser, n'a guère connu que les mesures répressives, parce qu'elle doit seulement protection à celui qui, obéissant aux lois, remplit avec fidélité les engagemens du pacte social. Les récompenses ne sont dues qu'à l'homme qui, ne se bornant pas à ce que prescrit la loi, par des découvertes importantes, des actions d'éclat, rend des services éminens à la société; mais si, comme il est arrivé tant de fois chez tous les peuples, pour ses bienfaits, il ne recueilloit que des persécutions, l'ingratitude nationale n'amortiroit pas le zèle de celui qui, connaissant toute l'étendue de ses devoirs, soulève le rideau de l'avenir et entrevoit un meilleur ordre de choses par de là les bornes de la vie. La tâche de décerner des prix à la vertu fut souvent abandonnée aux sociétés de bienfaisance et aux particuliers, dont les uns ont fondé des prix pour les bonnes mœurs, sous le nom de fêtes de Rosière; les autres ont ouvert à l'indigence, au malheur des asiles sur lesquels les Gouvernemens étendoient leur protection. Quand on aura exposé ce qui a été projeté ou exécuté en faveur de la domesticité, on connoîtra mieux ce qui manque et ce que l'on peut essayer.

Le cardinal Le Camus, évêque de Grenoble, établit un maison de refuge pour les filles sans condition, jusqu'à ce qu'elles en eussent trouvé: c'étoit peut-être la seule existante alors dans toute la France.

A la fin du livre intitulé : *L'Auteur Laquais*, dont on a parlé, est un projet de maison de retraite pour les domestiques, qui, après un service de vingt ans, se trouveroient par leur âge, ou pour d'autres causes, incapables de continuer le service, « il n'y admet que des domestiques des « états supérieurs, c'est-à-dire, dont les maîtres « soient militaires, ou ecclésiastiques, ou du bar« reau, ou des six corps des marchands, ou des « gens vivant de leurs biens. » Il établit une espèce de subordination entre les valets de chambre, *officiers d'office*, etc., et les décore chacun d'une médaille qui aura pour inscription : *Chevalier de la Constance*, etc. A ces bizarreries près, son projet mérite d'être examiné; il admet temporairement, moyennant une modique rétribution, les domestiques qui sont sans maison, et même ceux qui auront quitté leurs maîtres pour des raisons prouvées légitimes.

Cette idée fut reproduite avec quelques modifications dans un ouvrage qui, en 1777, parut à Avignon sous ce titre : « *Projet d'Établissement* « *d'une maison de retraite pour les domestiques,* « *par* MICHEL, *officier de maison.* » Son plan est simple : il suppose qu'un certain nombre de personnes des deux sexes, en service, font chacune une mise de 100 francs ; avec ce fonds, il établit une tontine et quatorze maisons de retraite à Paris, Lyon, Marseille, et autres grandes villes. Ce plan pouvoit être accueilli, sauf à l'améliorer par les mesures propres à en assurer le succès.

Chamousset, le Howard, le Hanway de la France, et dont le nom ne doit être prononcé qu'avec attendrissement, avoit conçu, dès l'an 1754, un projet d'association pour les domestiques. Au moyen d'une somme modique, chaque souscripteur devoit y trouver toutes sortes de secours. Lorry, Tissot, Petit, Bertrand, et d'autres savans non moins distingués, avoient approuvé ses vues, à l'exécution desquelles il avoit su intéresser même le roi de Danemarck, à cause des Danois voyageant en France ; mais la destinée de ce qui est sage et utile n'est-elle pas d'éprouver des contradictions ? elles pulluloient pour ainsi dire sous les pas de

Chamousset. Les maîtres refusoient de souscrire pour leurs domestiques, sous prétexte que ceux-ci auroient les hôpitaux pour dernière retraite. Il défendit en philosophe, dit quelqu'un, le projet qu'il avoit conçu en citoyen. Il loua à la barrière de Sèves une maison pour essayer son plan, et tenta de le faire goûter, en le modifiant, sous le titre : d'*Etablissement pour les Domestiques malades*, d'*Asile pour les Servantes hors de condition*; afin de les encourager, il graduoit les récompenses, purifioit l'idée de loterie par un tirage annuel de lots au profit des associés qui auroient des certificats de bonne conduite. Ames sensibles! lisez les œuvres de Chamousset. Peut-être qu'un jour les rêves de cet homme de bien, comme ceux de l'abbé de Saint-Pierre, ne seront plus des rêves.

Depuis quelques années, les sociétés de prévoyance se multiplient à Paris.

Société des ouvriers de la Pompe à Feu et de la Fonderie de MM. Perrier, à Chaillot.

Des Amis de l'Humanité, principalement composée d'imprimeurs.

Des garçons de chantier de l'Ile Louviers.

Des Amis de l'Egalité, autrefois Bourse des Malades, etc. etc. etc.

On compte actuellement dans la capitale environ quatre-vingts corporations de ce genre, qui embrassent au moins six mille familles, ce qui les porte à l'économie, aux bonnes œuvres, à l'assistance réciproque.

Le mouvement imprimé à Paris s'est communiqué aux départemens. Des sociétés semblables ont été formées à Mont-de-Marsan, Montauban, Toulouse, Bruxelles, Colmar; il y en a sept à Grenoble. On peut consulter à ce sujet les excellens rapports présentés annuellement par M. Petit de Beauverger, et surtout par M. Dupont de Nemours, à la Société Philantropique de Paris; elle suit de l'œil ces établissemens, les encourage, les compare, elle deviendra peut-être bientôt le point central de leur correspondance. En formant ce vœu, joignons-y celui de voir publier l'ouvrage le plus étendu et le plus profond qui ait été fait sur cette matiére, et qui a pour auteur M. Duvillard, correspondant de l'Institut.

L'hospice de Saint-Janvier, hors des murs de Naples, est spécialement destiné à recueillir les gens de livrée devenus invalides; ils sont habillés en bleu, et n'ont guère d'autres occupations que d'assister aux funérailles des personnes riches qui font ordinairement des legs à cet hôpital. En 1789, on y comptoit deux cent trente-trois domestiques invalides (1).

(1) V. *Nuova descrizione etc. delle Sicilie*, de Gius. Galanti, *in*-8.° Napoli, 1789, t. 3, p. 147.

Le magnifique hôpital de Wurzbourg, l'un des plus beaux de l'Europe, et qu'on appelle *Julius*, du nom de l'évêque qui l'a fondé, est un monument soutenu, augmenté, perfectionné par ses successeurs. On y reçoit les domestiques des deux sexes. Ehlen, qui en étoit administrateur, publia, en 1802, « un projet d'établissement en faveur « des domestiques, pour servir de supplément à « la question proposée par le gouvernement de « Prusse sur la manière de secourir les domes« tiques invalides (1). » Il suppose que leurs gages annuels en Allemagne sont (calcul moyen) de dix écus d'Empire ; il en demande le dixième, payable en deux termes, forme une association de 1500 membres, détermine les secours et les encouragemens à raison de la durée des services ; le magistrat municipal seroit invité à prendre le capital à cinq pour cent : ce capital s'augmenteroit par une imposition sur les biens privilégiés, c'est-à-dire ceux du clergé et de la noblesse, etc.

L'Allemagne a retenti des éloges donnés à M. de Voght de Hambourg. Ses voyages, ses lumières, ses travaux ont été dirigés vers le soulagement des pauvres dans cette ville, où l'on comptoit il y a quel-

(1) *Entwurf eines pensions und belohnung instituts für Dienstbother beyderley Geschleots in Stadten*, von Lothar-Frans Ehlen, *in*-8.° Wurzbourg, 1802.

ques années 15000 domestiques. Cette classe faisoit des aumônes considérables, actuellement elle en fait peu. L'expérience a prouvé que la plupart des familles pauvres étoient d'anciens domestiques. On y a formé un hospice pour les servantes malades; et la société patriotique a distribué en 1810 des médailles aux domestiques des deux sexes qui avoient résidé pendant quarante ans chez le même maître.

A Brieg en Silésie s'est formé pour les domestiques femelles un autre établissement de bienfaisance auquel avoient souscrit en 1811 deux ou trois cents familles (1).

En Suède, la société finlandoise d'économie politique distribuoit des prix aux domestiques, en récompense de leur fidélité (2).

Des réglemens étendus sur la domesticité ont été publiés en 1810 par les gouvernemens de Prusse et d'Autriche. Ce dernier, persuadé que l'attrait des récompenses est un moyen aussi efficace que l'infliction des peines pour assurer l'observation des lois, ajoute à la sienne une fondation sur laquelle le cœur se repose avec complaisance; il accorde cent cinquante florins de récompense à dix

---

(1) V. Le *Moniteur*, 13 mars 1811.

(2) V. *Le Nord politique et littéraire*, par M. Olivarius, n° 15, p. 258.

domestiques mâles ou femelles de Vienne, qui, ayant servi avec sagesse et fidélité pendant vingt-cinq ans, ont résidé dix ans au moins chez le même maître. Quoique cette capitale ne soit pas à l'abri de l'immoralité qui infecte toutes les grandes villes, au premier concours pour les prix, en mai 1811, la liste des aspirans fut de sept cent-cinquante-un, dont cent-quatre-vingt-neuf hommes et cinq cent-soixante-deux femmes, parmi lesquels seize avoient servi plus de cinquante ans, soixante-dix-huit plus de quarante, deux cent-trente-trois plus de trente, et quatre cent-vingt-trois plus de vingt; dans ce nombre étoient des vieillards de soixante à soixante-dix ans, qui continuoient l'état dans lequel ils avoient blanchi. Il fut vérifié qu'environ cinq cents avoient rempli toutes les conditions requises par la loi. Les prix furent décernés à trois hommes et sept femmes. Qu'on me permette de citer nominativement la dernière, Rosalie Swoboda; elle n'avoit servi que vingt-neuf ans, mais toujours dans la même maison, et chez une veuve maltraitée par la fortune. Les gages de Rosalie n'ayant pu être payés. s'étoient accumulés au point d'en former un capital assez considérable; loin de réclamer cette somme, elle avoit continué de dévouer au soutien de la famille de cette veuve son temps, ses forces, et tout ce qu'elle posédoit. La distribution de ces prix se fit avec une solennité imposante ; et, comme une bonne œuvre est le germe d'une autre, à l'instant la *Société des dames nobles* fonda, pour dix domestiques, des prix annuels de soixante florins (1).

Ne seroit-ce pas le cas de rappeler deux faits qui se rattachent à mon sujet?

1.° C'est à Vienne que le nègre Angelo Soliman, long-temps domestique, luttant sans relâche contre les obstacles qui s'opposoient au développement de ses facultés intellectuelles, s'éleva par sa bonne conduite et ses talens au-dessus de son état et mérita d'avoir pour biographe madame Pichler, que ses ouvrages placent au rang des bons écrivains de l'Allemagne (2).

2.° Lors du siége de Buenos-Ayres, en 1807, par les Anglais, sept cents Nègres qui n'étoient pas domestiques, mais esclaves en cette ville, prirent les armes et secondèrent si puissamment la valeur des habitans, qu'après la levée du siége, on crut devoir, dans une pompe triomphale, décerner à tous des éloges mérités et en affranchir soixante-

(1) V. *Sonntags Blatt*, du 14 décembre 1811, p. 100 et suiv.

(2) *La traduction de la vie de Soliman, dans la littérature des Nègres*, par l'ancien évêque de Blois.

dix ou quatre-vingts. Picabea, l'un des Nègres, après avoir fait reconnoître ses titres incontestables à la liberté, déclare qu'elle a été toute sa vie l'objet de ses soupirs; mais sa bonne maîtresse, autrefois très-riche, est devenue pauvre, âgée et infirme. Il travaille pour la nourrir, et dans les intervalles de repos, il lui donne le bras pour la promener; dans une telle situation il ne veut pas l'abandonner, et il renonce à l'espérance d'être libre. D'après le voeu général de l'assemblée, le gouverneur fit connoître à tout le pays cet acte généreux par un imprimé dont un exemplaire est tombé entre mes mains (1).

Si parmi nous il n'existe pas encore d'institution pour assurer des encouragemens et des récompenses à la domesticité dans les villes, celle des campagnes attire l'attention de bons esprits qui s'intéressent à la prospérité nationale La société d'agriculture de Toulouse a statué qu'elle délivrera tous les ans quatre médailles de 24 fr. chacune à autant de valets de charrue qui pendant dix ans n'auront donné lieu à aucune plainte de la part des maîtres cultivateurs, auront mieux

(1) *Relacion circunstanciada de los premios de libertad que ha concedido*, etc., *in*-4.° de 12 pages, imprimé à Buenos-Ayres; en 1807.

soigné les bestiaux, et se seront fait remarquer par leur diligence à donner les différentes façons aux terres (1).

La Société d'agriculture de Paris, depuis son origine, est dans l'usage de distribuer des prix aux domestiques qui ont demeuré long-temps chez le même maître, ou qui ont donné des preuves signalées de bonne conduite. Dans la séance de 1805, elle adjugea trois médailles, une pour être placée sous la statue du duc de Bedfort, une à Jefferson, président des Etats-Unis, une à un valet de charrue.

En Angleterre, les sociétés agronomiques de Sussex, de Hereford et beaucoup d'autres, distribuèrent pareillement des prix aux domestiques.

Une société près de Dublin accorde une prime de [illegible]0 livres sterlings à chaque servante qui, pendant cinq ans, est demeurée dans la même maison *sans être enceinte*. Ce genre de récompense, qui peut être louable, suppose néanmoins un état de mœurs déplorables et commun à toutes les cités populeuses telles que Dublin; leur contagion s'étend toujours à un circuit qui a plusieurs milles de rayon. Mais en général, dans les villages éloignés,

---

(1) *V. Magasin Encyclopéd.*, par M. Millin, *in*-8.° Paris, 1811, juin, p. 349.

les mœurs sont beaucoup moins infectées. Cette observation s'applique particulièrement à cette Irlande martyrisée depuis six ou sept siècles, et qui est si digne d'un meilleur sort.

Le voyageur John Carr parle avec éloge d'une école dans le même pays, à Killarney, pour les enfans catholiques, qui à leur sortie de cet établissement, où ils ont reçu une excellente éducation, sont recherchés avec empressement comme domestiques par les protestans et les catholiques (1).

Les filles de la campagne affluent à Londres. Une société particulière fournit des secours pour retourner dans leurs villages à celles, qui n'ayant pu se placer, augmenteroient probablement le nombre des personnes de mauvaise vie, si elles restoient dans cette ville.

Le sort des domestiques a singulièrement occupé les âmes bienfaisantes en Angleterre, où depuis plusieurs siècles de vastes hôpitaux sont entretenus sur le meilleur pied par des secours volontaires qui n'ont jamais tari. On stimule la générosité par la publicité des noms des bienfaiteurs. A l'hôpital Saint-Barthelemy de Londres, les murs sont couverts de ces listes honorables.

---

(1) V. *The Stranger in Ireland*, etc., par John Carr, *in*-8.° Philadelphie, 1805, p. 242.

Jusque dans les villages, indépendamment de la taxe pour les pauvres, il y a des souscriptions libres pour procurer des maîtres d'écoles, des livres, des sages-femmes, du bouillon, de la houille aux personnes indigentes, des bibles aux soldats et aux matelots. Dans ce pays on trouve des sociétés pour le soulagement des Nègres; pour les négocians qui ont fait faillite en commerçant aux Indes; pour les enfans des condamnés à mort; pour les convalescens. A Liverpool, l'école pour les *aveugles de tous les pays du monde*; à Londres, la société des amis des étrangers malheureux, établie, en 1807, sous le titre de *Société samaritaine*; pour les cochers et les palfreniers, la société *dite de Saint-Thomas*; pour la conversion des femmes qui ont manqué aux mœurs, l'hôpital de *la Madelaine*; depuis sa fondation, en 1758 jusqu'en 1802, on y a reçu trois mille quatre cent trente-sept femmes, dont quatre cent soixante-seize ont été expulsées comme incorrigibles; mais deux mille deux cent trente ramenées à la vertu ont été placées comme servantes.

Pourrions-nous ne pas parler des *sociétés amicales* (friendly societies), si répandues dans les trois royaumes et dont l'utilité est justifiée par tant de succès? A leur imitation ont été formées nos *Sociétés de prévoyance*.

Leur existence date de loin, car déjà elles existoient chez les Athéniens (1) sous le nom de *Hétairies*; elles avoient une caisse ou bourse commune, chaque sociétaire y versoit, tous les mois, quelque monnoie pour aider ceux qui étoient dans l'adversité. Cette contribution se nommoit *erane* (2). On peut consulter à ce sujet les notes de Saumaise sur le droit romain, et surtout la dissertation de ce savant et aimable Thorlacius qui a fait des recherches curieuses sur les *eranes* de l'antique Grèce (3). Rome emprunta des Grecs ces institutions; elles avoient un syndic, une bourse commune. Elles furent prohibées sous les empereurs, parce que toute réunion d'hommes inquiète le despotisme. Trajan y admit une seule exception en déterminant la forme et l'emploi de celles qu'il autorisoit (4).

---

(1) *V.* Hikesius, *Thesaurus quest.* 22. — *V.* aussi *Collectio legum Atheniensium et Rom.*, par Ant. Thysius, dans les *Antiquités grecques* de Gronovius, t. 5, p. 1383.

(2) On appeloit aussi *eranes*, les repas donnés aux pauvres par ces sociétés.

(3) V. *Populäre aufsätse das Griechische*, *Romische und Nordische alterthum betreffend*, von M. Birger Thorlacius, *in*-12. Copenhague, 1812, p. 71 et suiv.

(4) Pline, ses *Lettres*, l. 10, lett. 94. *Voyez* à ce sujet le bon ouvrage de Sufred Morton Eden, Baronet, intitulé :

Le christianisme faisant son entrée dans l'Univers, est précédé des étendards de la vérité et de la charité : sous l'une il place ses dogmes, sous l'autre sa morale. Essentiellement ami des hommes, il agrandit, perfectionne, et purifie les institutions qui peuvent contribuer à leur bonheur. Dans la hiérarchie des ministres qui l'entourent dès son berceau, déjà l'on voit une classe d'individus consacrés sous le nom de *diacres*, pour recueillir et repartir les aumônes. Combien est touchant le tableau tracé par Tertullien de ces *dépôts de la piété*, que la générosité des fidèles ne laissoit jamais tarir! L'orphelin, la veuve, le vieillard, le malade, le pauvre, le captif, en un mot tous les êtres souffrans étoient sûrs d'y trouver des secours (1). Depuis sa naissance jusqu'à l'époque actuelle, le christianisme n'a-t-il pas peuplé d'établissemens de bienfaisance les contrées qu'il a couvertes? Le zèle est attiédi chez bien des gens qui n'ont de chrétiens que le nom; mais la doctrine qu'ils professent accuse leur lâcheté.

Observations sur les Sociétés amicales. Elles ont été traduites en notre langue et insérées dans le n.° 33 du *Recueil sur les établissemens d'humanité*, publié par Duquesnoy.

(1) Tertullien, *Apologétique*, c. 39.

Les *Sociétés amicales* ont commencé depuis plus de cent ans en Angleterre ; elles ont été encouragées, en 1793, par un bill du Parlement qui les autorise à faire leurs réglemens en les soumettant à l'approbation du juge-de-paix. Quand celui-ci a donné sa sanction, la société, en cas de banqueroute d'un débiteur, jouit du privilége d'être payée avant les autres créanciers. En 1801, le nombre de celles dont les réglemens avoient été confirmés, s'élevoit à cinq mille cent dix-sept, non compris celles des pays de Galles, d'Ecosse et d'Irlande. Elles sont un objet de prédilection pour les artisans et les domestiques. Ce sont des espèces de tontines où les actionnaires versent à volonté, chaque semaine, quelques sous qu'ils ont économisés. Par là, ils s'habituent à un esprit d'ordre, de bonne conduite; ces réunions leur offrent les jouissances de l'amitié et la perspective d'une ressource certaine contre l'indigence. On y aide et l'on y est aidé par des secours qui n'humilient pas, attendu qu'ils n'ont pas le caractère d'aumône; les biens qu'elles produisent, surtout à Glascow, sont développés dans l'excellente *Statistique de l'Ecosse*, par sir John Sinclair (1). A la suite d'une foule d'écrivains, Pilkington fait encore le plus grand

(1) V. *Statistical account of Scotland*, t. 5, p. 524 et suiv.

éloge de ces sociétés dans son *Etat actuel du comté de Derby* (1).

Ces tontines assurent des secours à une époque reculée. Si l'on ajoute à un petit capital l'accumulation de l'intérêt composé, on a, par-dessus le bénéfice ordinaire, celui qui provient de l'accumulation du capital; par le seul effet du temps, il fournit de grands moyens, résultant de sommes de peu d'apparence, qui s'évaporeroient sans profit et que chacun est disposé à considérer comme un superflu.

Pour que les pauvres qui en réalité n'ont aucun superflu, mais seulement une diversité d'urgence dans leurs besoins, se désaisissent de ces petites sommes, il faut que les plans de ces bourses communes soient simples et bornés, que les actionnaires se connoissent, que tous aient part à l'administration ou à la surveillance.

Voilà les bases sur lesquelles reposent les *Friendly societies*. Aujourd'hui toutes les classes du peuple les moins instruites en parlent avec connoissance de cause. On les a variées pour toutes sortes d'assistances dont les pauvres laborieux peuvent avoir besoin; par exemple on en a institué une dans *Bartholomew's Close*, pour les funérailles que tout

(1) V. *A View of the present state of Derbyshire*, by James Pilkington, 2 vol. *in*-8.° Derby, t. 2, p. 55 et suiv.

Anglais ambitionne d'avoir décentes, et qui sont un article coûteux.

Parmi les heureux effets de ces associations, on pense avec raison que les membres sont très-jaloux de leur réputation de probité; que leurs assemblées ont l'effet de les encourager à l'industrie, à la sobrieté, en éloignant l'aspect de la misère, mère, plus féconde que l'on ne pense, de bassesses et de crimes.

Un modèle de réglement pour ces sociétés proposé par James Cowe, vicaire de Sunbury, est inséré dans le *Recueil des établissemens d'humanité* (1).

Elles ont suggéré à Colquhoun, auteur du *Traité de la police de la Métropole*, l'idée de proposer entre les maîtres une association par laquelle ils s'engagent à ne jamais prendre à leur service des personnes connues pour jouer à la loterie; ils imposeront à leurs domestiques la condition de ne pas y mettre, sous peine d'une retenue sur leurs gages. Cet article entrera, sans doute, dans le plan des travaux de la société établie, en 1792, pour l'encouragement des domestiques, d'après les vues du général Melville (2);

(1) *Ibid.*, p. 169.

(2) *Rules and order of the British society for the encouragement of servants instituted*, 23 november 1792, *in*-12. London, 1798.

des membres très-distingués des deux chambres s'honorent d'y être aggrégés. On va donner une idée succincte de ses réglemens.

Comme toutes les sociétés, entre autres officiers, elle a des *trustees*, ou *curateurs*, qui surveillent les fonds chez son banquier ; un comité de trente membres, nommé par l'assemblée générale, tient séance une fois la semaine : il y a d'ailleurs tous les jours bureau ouvert et des jours différens assignés aux domestiques des deux sexes pour s'y présenter. Le comité rend compte à l'assemblée générale qui a lieu chaque trimestre.

Quiconque souscrit pour une, deux, six, dix guinées, est censé membre de la société pendant une, deux, six, dix années, et dans ce laps de temps il a le droit de faire enregistrer un domestique de l'un ou de l'autre sexe dont l'âge n'excéde pas cinquante ans, pour participer aux récompenses et encouragemens décernés par la société.

Quiconque souscrit pour quinze guinées est membre à vie, et il a le droit de faire inscrire à vie un domestique de l'un ou l'autre sexe.

Si un domestique, ayant servi trois ans le maître qui l'a fait inscrire, se trouve constitué par maladie dans l'impossibilité de continuer son service, il reçoit tous les ans (jusqu'à ce qu'il soit guéri) une annuité de trois livres sterling, payables par quartier.

Si l'incapacité de ce domestique provenoit d'immoralité, il ne seroit pas admis à recevoir l'annuité.

Si le domestique a servi six ans le maître qui l'a fait inscrire, l'annuité est de six livres; elle est de neuf s'il a servi neuf ans : ainsi de suite dans la même progression.

Si un domestique qui se trouve constitué temporairement, et sans qu'il y ait de sa faute, dans la nécessité d'interrompre son service, entre dans les trois mois chez un autre souscripteur, ce temps lui est compté comme continuation de service.

En cas de mort du maître, on écrit aux héritiers pour savoir s'ils veulent continuer la souscription.

Si un domestique inscrit se marie, s'il devient fermier, ou s'il prend un état quelconque (à l'exception de ceux de cabaretier ou de péager), l'assemblée du trimestre est autorisée à lui payer comptant une somme égale à son annuité.

En cas de maladie, ou de besoins constatés, on peut également avancer les paiemens.

Dans divers pays on a établi des bureaux d'indication pour les domestiques. A Berlin il y a des loueurs jurés. A Madrid ce sont les *hospicianos* ou vieillards entretenus dans l'hospice qui se répandent aux portes des églises avec la liste des domestiques sans place.

La société de Londres a formé, en faveur de ses membres, un bureau d'indication où l'on s'assure, autant qu'il est possible, de la capacité et de la moralité des domestiques : ce qui diminue les chances de déception.

Ainsi, épargner aux maîtres des désagrémens et des pertes; épargner à l'autorité publique la douleur de punir des délits en les prévenant; encourager les domestiques à demeurer chez les mêmes maîtres, à compter sur leur reconnoissance; les mettre avec eux en communauté d'intérêts; leur offrir la perspective d'avantages certains; leur préparer de la considération, des moyens d'existence et de repos en cas d'infirmité, ou après avoir passé un certain nombre d'années en service; tels sont les moyens qu'emploie cette société. En 1798, elle comptoit déjà sept cent quarante-neuf souscripteurs; elle avoit distribué des récompenses à cent quatre-vingt-deux domestiques, elle se flattoit alors que bientôt il seroit honteux à un domestique de n'être pas inscrit dans ses registres. En visitant cet établissement, l'an 1802, j'ai eu la preuve qu'il avoit étendu ses moyens, ses bienfaits, et qu'il s'étoit acquis de nouveaux droits à la reconnoissance publique.

Ayons la modestie de croire que chez les autres peuples nous pouvons, dans plus d'un genre, faire d'heureux emprunts. Mais à quoi serviroit de connoître le bien qui se fait ailleurs, si l'on ne travaille à s'approprier les mêmes avantages? C'est avec l'appui du Gouvernement qu'on voudroit reproduire ici cette société, sauf les modifications que commandent la localité et les circonstances.

On pourroit l'agrandir et y adapter des moyens d'instruction religieuse et morale, analogues à ceux des établissemens formés pour cet objet dans diverses contrées et dont on a présenté le tableau.

L'indispensable supplément des lois, c'est la religion qui seule peut les sanctionner dans le cœur et donner à chacun une garantie. Il n'est pas une âme vertueuse, pas une famille honnête qui ne soit intéressée à ce projet. Ce n'est pas peu de chose qu'un homme bon ou méchant de plus ou de moins dans la société.

Mais avant de dessiner un plan, on veut pressentir l'opinion et recueillir des conseils qui seront reçus avec reconnoissance. J'écris, à la vérité, dans un pays où sur des vues de cette nature beaucoup de gens, quoiqu'intéressés à les faire réussir, sont d'une apathie désespérante. Les tentatives infructueuses de Chamousset, et tant d'autres faites postérieurement, prouvent que pour avoir voulu devenir le bienfaiteur de ses semblables, on doit souvent se croire trop heureux d'échapper à la calomnie. Il est des hommes tellement détériorés au moral, qu'ils repoussent le bien parce qu'il est bien ; à peu de choses près, on peut leur assimiler ceux qui, dans les bonnes actions, ne voyant d'autre fruit à recueillir que celui de la considération personnelle, attachent la vertu au char de l'orgueil, et qui, en affectant même de vouloir seconder un projet louable, le décrient sourdement s'ils ne l'ont imaginé et s'il n'est leur ouvrage. D'ailleurs le zèle est éphémère chez un peuple volage, sans caractère, et que des écrivains étrangers appellent un peuple de papillons. Cette censure malheureusement trop fondée, admet cependant des exceptions, puisque depuis plusieurs années des *sociétés philantropiques*, *d'encouragement*, *d'agriculture*, persévèrent à faire le bien. On réclame leurs lumières et leur activité ; on réclame celles des pères et des mères de famille, en faveur d'un projet dénué de l'éclat qui peut éblouir les vaniteux, mais qui, marqué au coin de l'utilité, obtiendra peut-être l'approbation des sages.

FIN.

PARIS, DE L'IMPRIMERIE D'A. ÉGRON,
rue des Noyers, n.° 37.

OUVRAGES QUI SE TROUVENT CHEZ LE MÊME LIBRAIRE.

HISTOIRE DES SECTES RELIGIEUSES qui, depuis le commencement du siècle dernier jusqu'à l'époque actuelle, sont nées, se sont modifiées, se sont éteintes dans les quatre parties du monde; par M. Grégoire, sénateur, ancien évêque de Blois, etc., etc. 2 vol. *in* 8.°, 10 fr.

Cet ouvrage, dont la publication avoit été défendue, en 1810, paroît aujourd'hui.

DE LA CONSTITUTION DE 1814; *par le même*, broc. *in*-8.°, 4.° édit. 1 fr. 25 c.

L'ANTIQUITÉ DÉVOILÉE AU MOYEN DE LA GENÈSE, source et origine de la Mythologie et du culte des Payens; 3.° édit. *in*-8.° 2 fr. 50 c.

DE L'IMPORTANCE D'UNE RELIGION DE L'ÉTAT; par M. Tabaraud, censeur royal. 2.° édit. *in*-8.° 2 fr.

GÉOGRAPHIE ANCIENNE ET HISTORIQUE, composée d'après les cartes de d'Anville. 2 forts vol. *in*-8.°, avec atlas, *in-fol.* de 25 pl. 24 fr.

La même, sans atlas. 12

PARADIS PERDU, de Milton, traduit intégralement en vers français, par M. De Latour-Saint-Pernes; *in*-8.° 5 fr.

ETUDES DE LA FONTAINE, ou Notes et Excursions littéraires sur ses Fables, précédées de son Eloge inédit; par Gaillard, *in*-8.° fig. 5 fr.

www.ingramcontent.com/pod-product-compliance
Lightning Source LLC
LaVergne TN
LVHW020556230826
846091LV00002B/505

* 9 7 8 2 0 1 9 7 2 4 0 0 9 *